Neste livro, Trillia nos ajuda bastante ao tratar sobre o medo e a ansiedade de maneira direta, traspassando o próprio medo em direção às raízes exatas onde ele nasce. Ela faz isso com a suavidade de uma mãe e uma mente imersa na Bíblia. Se você luta pessoalmente contra o medo ou caminha com pessoas que o fazem, você encontrará ajuda útil e bem pensada nas páginas deste livro.

—**Matt Chandler**, pastor principal em *The Village Church*, Dallas, Texas; autor do livro *O Evangelho Explícito*.

Trillia Newbell sabe o que é ser contaminada pelo medo. Sabe também o que é lutar pela fé e fundamentar seu coração no caráter de nosso sábio, fiel, amoroso e soberano Deus. Ela oferece esperança para superarmos os nossos medos e experimentarmos a verdadeira paz ao cultivarmos temor reverente ao Senhor.

—**Nancy Leigh DeMoss**, autora, apresentadora do *Revive Our Hearts*.

Trillia fala com o coração e por experiência própria a todas nós que estamos tomadas pelo medo sobre o que as outras pessoas pensam, o que pode acontecer ou o que pode nunca acontecer, conduzindo-nos em direção à liberdade de ser tomada por um tipo muito diferente de medo – o temor do Senhor.

—**Nancy Guthrie**, professora da Bíblia e autora de *Antes de Partir*.

Os medos se inflamam e aumentam na escuridão dos "e se".
É quando, então, a luz brilha! Trillia tem boas notícias para todas nós que somos tentadas a viver com medo. Os "e se" não têm onde se esconder do brilho do evangelho, visto "que [Deus] não poupou o seu próprio Filho". Venha se expor à luz.

—**Gloria Furman**, autora de *Sem Tempo para Deus* e coautora do livro *Ministério de Mulheres*.

Este livro, que acalma a mente e dá paz à alma, transformará muitas mulheres cheias de medo em mulheres cheias de fé. Ele ajudará também muitos homens a compreenderem melhor suas esposas e, assim, atendê-las de maneira mais paciente, amorosa e adequada.

—**David Murray**, pastor, professor e autor de *The Happy Christian*.

Em *Medos do Coração*, Trillia Newbell concede à igreja um recurso valioso. Com suavidade, humildade e ousadia, Trillia revela as páginas de sua vida a nós e, então, nos aponta repetidas vezes para Jesus, o autor e aperfeiçoador de nossa fé.

—**Jessica Thompson**, coautora do livro *Pais Fracos, Deus Forte*.

Se alguma vez pensou que estava sozinha com os seus medos e já falou para si mesma que o medo não é um problema para você, este livro a desafiará a analisar a verdade referente a essa afirmação. Este livro cheio da graça a ajudará a recuperar a energia dispensada ao medo e a redirecionará para a fé no Deus digno de toda a confiança.

—**Jen Wilkin**, autora de *Mulheres da Palavra*.

Medos do Coração ajudará a prover o encorajamento tão necessário para muitas mulheres que podem achar que são as únicas que estão sofrendo em meio às crises. O testemunho pessoal e sincero de Trillia e as histórias de vida real de outras mulheres testificam que ninguém está fora do alcance do amor redentor de Cristo para conosco.

—**Mary K. Mohler**, diretora do *Seminary Wives Institute of The Southern Baptist Theological Seminary*.

Trillia Newbell, uma das pessoas mais cheias de alegria que eu conheço, revela suas lutas contra o medo e o caminho bastante comum encontrado por ela até a fé. Como uma medrosa crônica, fui muito encorajada por *Medos do Coração*.

—**Lore Ferguson**, escritora, pensadora e blogueira amadora em *sayable.net*.

O medo foi um companheiro em grande parte da minha vida, roubando de mim muita alegria. Em *Medos do Coração*, Trillia, gentil e misericordiosamente, explora o medo comum a muitas mulheres e conduz os corações amedrontados ao único que nos libertou de todo o medo.

—**Christina Fox**, conselheira, escritora e blogueira em *toshowthemjesus.com*

MEDOS
DO CORAÇÃO
Encontrando a paz que você anseia

TRILLIA J. NEWBELL

N534m Newbell, Trillia J.
         Medos do coração : encontrando a paz que você anseia / Trillia J. Newbell. – São José dos Campos, SP : Fiel, 2016.

         180 p.
         Inclui bibliografias.
         Tradução de: Fear and faith : finding the peace your heart craves.
         ISBN 9788581323824

         1. Medo – Aspectos religiosos – Cristianismo. I. Título.

                                                              CDD: 248.4

Catalogação na publicação: Mariana C. de Melo Pedrosa – CRB07/6477

Medos do Coração:
encontrando a paz que você anseia.
Traduzido do original em inglês
Fear and Faith: finding the peace your heart craves.
Copyright 2015 por Trillia J. Newbell

∎

Publicado por Moody Publishers,
820 N. LaSalle Blvd., Chicago, IL 60610, USA

Copyright © 2015 Editora Fiel
Primeira Edição em Português: 2016
Todos os direitos em língua portuguesa reservados por
Editora Fiel da Missão Evangélica Literária

Proibida a reprodução deste livro por quaisquer meios, sem a permissão escrita dos editores, salvo em breves citações, com indicação da fonte.

∎

Diretor: Tiago J. Santos Filho
Editor-chefe: Vinicius Musselman
Editora: Renata do Espírito Santo T. Cavalcanti
Coordenação Gráfica: Gisele Lemes
Tradução e Revisão: Ded Traduções
Diagramação: Wirley Corrêa - Layout
Capa: Rubner Durais
ISBN impresso: 978-85-8132-382-4
ISBN e-book: 978-85-8132-471-5

Caixa Postal 1601
CEP: 12230-971
São José dos Campos, SP
PABX: (12) 3919-9999
www.editorafiel.com.br

*Para o meu marido, Thern,
e nossos dois filhos.
Agradeço a Deus diariamente por
construir uma vida com vocês.
Vocês são uma alegria, um deleite
e uma bênção para mim!
Amo vocês!*

Sumário

Agradecimentos 11

Prefácio 15

Introdução 17

Capítulo 1
Medo do Homem 25

Capítulo 2
Medo do Futuro 43

Capítulo 3
Medo de outras mulheres 51

Capítulo 4
Medo da tragédia 63

Capítulo 5
Medo de não atender às expectativas 77

Capítulo 6
Medo da aparência física 91

Capítulo 7
Medo da intimidade sexual 105

Capítulo 8
Por que podemos confiar em Deus 121

Capítulo 9
O temor do Senhor 137

Capítulo 10
Quando os medos se tornam realidade 143

Capítulo 11
Crescendo no temor do Senhor 171

Anexo 1
Transtornos alimentares 183

Anexo 2
Sebe da dúvida 195

Agradecimentos

Como você agradece adequadamente todas as pessoas que fizeram este livro se tornar possível? Você não consegue. Eu não consigo encontrar as palavras para agradecer, mas sei que o meu coração está cheio delas.

Obrigada à Moody Publishers e à sua equipe por acreditar em *Medos do coração*: René Hanebutt, Holly Kisley e Judy Dunagan. Obrigada também a Janis Backing, que ajudou a divulgar este livro. Agradeço o seu empenho. Obrigada também à minha editora, Lydia Brownback.

Obrigada a Wolgemuth e Associados por trabalharem comigo em todo este processo. Obrigada, em particular, a Erik Wolgemuth, meu agente. Sou grata por trabalhar com você e partilhar essa jornada de publicação. Escrever *Medos do Coração* teria sido um grande desafio sem o seu apoio e assistência.

Sou grata pelos amigos que leram a minha obra e que oram por mim. Obrigada, Kristie Anyabwile, Gloria Furman, Catherine Parks e Amy Maples. Eu realmente amo vocês, amigas. Obrigada, também, Courtney Reissig pela oração e pelos muitos bate-papos sobre a escrita e a vida. Obrigada a todas vocês, mulheres maravilhosas, que contribuíram com as histórias de *Medos do coração*. Estou certa de que o Senhor as usará para abençoar e encorajar aquelas que lerão este livro: Christina Fox, Gloria Furman, Eva Crawford, Nikki Daniel, Lindsey Carlson, Jasmine Baucham, Megan Hill, Tara Barthel, Amy Maples, Donna Mitchell, Emily Wierenga, Christa Black e Lore Ferguson.

Obrigada, Susan Alexander, editora de artes na *Knoxville News-Sentinel*, e Christina Southern, querida amiga e editora na KNS, por me darem o primeiro empurrão na escrita. Escrever para *Sentinel* foi uma bênção e uma alegria. Aprendi muito com vocês e serei sempre grata.

Obrigada, ERLC e CBMW. O apoio de vocês ao longo do ano foi fantástico. Eu me sinto honrada por trabalhar com organizações tão maravilhosas. No entanto, são as pessoas que fazem as organizações. Sou grata a vocês que trabalham ao meu lado e torcem por mim no Senhor.

Obrigada às muitas leitoras que escrevem e me contam como a minha obra as tem encorajado. Isso me faz seguir em frente! Obrigada por edificar a minha fé para escrever. As suas palavras são muito importantes.

Obrigada à minha família: Tennion, Barbara e mamãe Reed. Amo todos vocês demais. Obrigada também à minha família da igreja. As suas orações e apoio são uma bênção e um grande incentivo.

Obrigada ao meu amigo mais amado e maravilhoso marido, Thern. Simplesmente não teria conseguido fazer qualquer coisa sem o seu amor, apoio, orações e bondade. Eu realmente não posso acreditar o quão solidário e desejoso você está de ver o Senhor usar meu livro para a glória dele. Não sou capaz de expressar todo o meu amor e gratidão a você, meu amigo, meu amor. Eu te amo! E obrigada a vocês, meus bebês, Weston e Sydney (vocês sempre serão os meus bebês).

Obrigada, Senhor! Oro para que utilize este pequeno livro para o bem daqueles que o lerem, e oro para que ele lhe traga glória, Senhor. Obrigada pelo dom da fé, por me ensinar a seu respeito por meio da sua palavra e do seu Espírito, por sofrer a ira que eu mereço e por me amar. Eu sei que o amo, porque o Senhor me amou primeiro.

Prefácio

O medo não é algo com o qual eu estou apenas familiarizada; é uma tentação que me contaminou desde onde consigo me lembrar. Quando criança, tinha medo de cachorro; conforme fui crescendo, meus medos se tornaram mais sofisticados e de partir o coração. Tenho lutado contra medos como, por exemplo, o medo de outras pessoas e o de perder um filho. Conforme conversava e interagia com mulheres ao redor do país, percebi que não estava sozinha. *Medos do Coração* é, em parte, um livro que lhe permite saber que você não está sozinha em sua luta contra o medo.

Uma das características especiais deste livro são as seções dedicadas a contar histórias de outras mulheres, como você e eu, que têm batalhado contra o medo. Tais mulheres vêm de diferentes fases de vida e históricos familiares, porém todas têm algo em comum: descobriram que o Senhor é fiel.

No entanto não seria suficiente se simplesmente nos baseássemos nas histórias de outras mulheres. Nas páginas a seguir, você verá o mais importante: Jesus também está com você. Ele foi tentado de todas as maneiras, incluindo a tentação de ter medo, mas não pecou. Jesus a compreende e tem conforto e paz armazenados para você em sua bondade e por meio de sua graça.

Nós também exploraremos quem Deus é e por que podemos confiar nele. Como a soberania, bondade, amor e sabedoria de Deus podem afetar a maneira como respondemos às nossas tentações de ter medo? É possível confiar em Deus verdadeiramente? Estou orando para que, por meio destas verdades bíblicas e histórias de outras mulheres, este pequeno livro a ajude a encontrar a paz que o seu coração almeja. E que eu almejo também!

Assim como todos os livros, este também tem suas limitações. Se eu estivesse presente com você, encorajando-a e aconselhando-a em meio à sua luta atual, eu recomendaria que buscasse um conselheiro, um pastor ou um profissional, dependendo da sua situação. Posso fazer isso agora? Se você está, neste momento, em um lugar de profunda dor e luta, por favor, sem dúvida alguma, leia este livro! Contudo, não pare por aqui. Não tenha vergonha de buscar a ajuda de que precisa.

Que essas páginas sejam um conforto para você.
Deus a abençoe,

Trillia.

Introdução

Exatamente agora, enquanto começo a digitar as páginas deste livro e a ponderar sobre o medo e o temor do Senhor, estou em um avião passando por uma turbulência terrível (e aterrorizante). Estamos sacudindo para cima e para baixo, e balançando de um lado para o outro. Não tenho controle, nenhuma forma (razoável) de sair desta situação, e serei honesta: não gosto disso. Não gosto desse sentimento de impotência, como se minha existência estivesse nas mãos de um estranho que, presumo eu, tem anos de experiência em voo. No entanto, meu coração ansioso e minha cabeça começam a se perguntar: *E se ele não tiver?* E se ele entrar em pânico e se descompensar, ou se o avião decide não querer mais funcionar?

Esses são os reais pensamentos que rodeiam a minha mente neste exato minuto. E aqui estou eu, escrevendo um livro sobre medo e fé? Isso parece ridículo. Estou aterrorizada em um avião turbulento e, estatisticamente, eu deveria estar bem. Mas muito maior do que as estatísticas que estão fortemente ao meu favor é o fato de Deus estar no controle. Contudo, meus medos continuam. Estou escrevendo como uma mulher que luta regularmente contra os medos e está batalhando pela fé. Estou no processo de aprender o que significa temer ao Senhor. Não tenho pleno domínio da arte de confiar no Senhor. Estou aprendendo e, felizmente, Deus é paciente comigo. Talvez você seja como eu: uma cristã que acredita firmemente que Deus está no controle, embora ainda lute contra o medo. Nós todas não lutamos contra o medo de uma forma ou de outra? Deus também é paciente com você.

Vejo em Paulo um exemplo maravilhoso de um homem temente a Deus que teve de aprender a confiar. Ele teve de aprender a se contentar (Fp 4.11). Paulo não teve sucesso. Ele foi provado pelo fogo. Foi testado e, como resultado, sua fé e confiança no Senhor aumentaram. Compartilho isso, porque você e eu quase sempre pegamos homens e mulheres da Bíblia como o nosso exemplo de vida. O exemplo de Paulo é o de aprendizagem e não o de perfeição. A mulher virtuosa de Provérbios é outro exemplo de personagem bíblico que podemos enaltecer. Ela riu do desconhecido nos dias por vir e encontrou sua segurança e força no temor do Senhor (Pv 31.25, 30). Ela é o principal exemplo bíblico de uma mulher forte e corajosa. Quando a visualizo, imagino que ela não se aborreça por causa da incerteza e que esteja pronta para enfrentar qualquer perigo.

Uau, queria ser como ela! Felizmente, essa é a razão pela qual essa mulher é considerada um *ideal*. Eu, entretanto, caracterizaria minha caminhada diária com o Senhor de uma maneira bem diferente. Sou medrosa, mas quero ser ousada e confiante. Sou ansiosa, mas quero encontrar a confiança e o descanso em Deus. Imagino que a mulher virtuosa, se existisse, não se sentiria confortável no pedestal onde eu a coloquei. Ninguém é perfeito, e até mesmo a mulher "ideal" precisou crescer e aprender.

De maneira similar, você e eu somos provadas. Não nos tornamos cristãs e, de repente, entendemos o que significa andar pela fé. Como um bebê, temos que começar nossa jornada nos apoiando sobre nossas mãos, depois engatinhando, firmando-nos na Palavra da verdade, fracassando e caindo muitas vezes. Aí então, um dia, alcançamos o ponto onde damos aquele passo de fé certeiro e, antes que tomemos conhecimento, estamos cambaleando em direção ao caminho estreito. Não nascemos da barriga de nossa mãe andando e não nascemos de novo confiando plenamente.

Eu não estou sozinha nisso. Outro dia mesmo, recebi um e-mail de uma amiga pedindo oração, porque ela estava com medo de deixar a filha enquanto viajava pelo estado. Antes disso, e no decorrer dos últimos meses, tenho tido o privilégio de cuidar de mulheres que sofreram abortos e que temem sofrer outros ou nunca conseguir engravidar novamente. Tenho uma querida amiga universitária que compartilhou que estava com medo de não ir bem o suficiente em uma prova a fim de passar de ano na faculdade; e minha amiga solteira está orando para que o Senhor lhe traga um marido – porém a perspectiva parece vaga, então ela tem medo de que isso simplesmente não aconteça. Eu poderia continuar. E imagino você reproduzindo tentações e circunstâncias semelhantes.

Nós, com muita frequência, temos medo do passado, do presente e do futuro. Trata-se do medo de ser quem somos, então tentamos agradar as pessoas. Diferentemente do salmista no Salmo 23, nós temos medo de que o futuro não seja tão bom como Deus diz ser: *bondade e misericórdia certamente me seguirão todos os dias da minha vida?* (Sl 23.6). Há o temor de outras mulheres e, como consequência, nos comparamos com elas e julgamos suas ações e motivações. Tememos o futuro com pensamentos ansiosos relacionados a se os nossos filhos conhecerão o Senhor quando ficarem mais velhos ou se o nosso marido retornará de uma viagem. Não queremos que os nossos filhos morram, então nos fixamos na morte e nos esquecemos de quem está realmente no controle. Além disso, nos perguntamos se somos boas o suficiente para alguém ou alguma coisa.

Sei dessa verdade por experiência própria. Desde confiar em Deus por um marido a orar para que não ocorra outro aborto, tenho experimentado a tentação intensa e debilitante do medo. O medo ao qual me refiro é, por definição, a expectativa de um dano; é alarmante e apreensivo. Quando sou tentada a sentir medo dessa maneira, isso se deve ao fato de que meu falso senso de controle foi alterado por uma circunstância. Ou existem incertezas – o que está no futuro – e eu percebo que absolutamente não tenho controle sobre o que acontecerá. De muitas formas, nossos medos se encontram na busca pela confiança e segurança em nós mesmas. Em uma questão de segundos, eu posso enterrar meu marido em meus pensamentos; preparei o funeral e, agora, estou aterrorizada enquanto tento descobrir como educar nossos dois lindos filhos sozinha.

Introdução

Esses pensamentos são imaginários, não aconteceram. Trata-se apenas do meu medo. Durante tais momentos, minha mente não está refletindo sobre o que é verdadeiro, honroso, justo, puro, amável, de boa fama, excelente e digno de louvor (Fp 4.8). Percebi que a minha decisão de brincar de Deus nunca dá muito certo para mim. Consegue se identificar? De qualquer maneira, acho que você e eu fazemos isso porque acreditamos ser mais fácil estar no controle. No entanto, quando percebemos que não reinamos de modo supremo e não temos autoridade soberana sobre as nossas vidas, isso pode ser assustador.

Existe, entretanto, e felizmente, um remédio para todos os nossos medos. Esse remédio vem na forma de uma pessoa, e o meio pelo qual ele provê conforto, juntamente com o Espírito Santo, é através da sua Palavra. Para lutar contra os medos, olharemos para a soberania e o amor de Deus e observaremos nossos medos se dissiparem, enquanto colocamos em prática a Palavra do Senhor em nossas vidas. Exatamente aquilo que estamos segurando com tanta força (o controle) é, de forma irônica, aquilo de que mais precisamos abrir mão. Quando você e eu passarmos a entender que o nosso Deus não está governando como um tirano, mas está amorosamente nos guiando e instruindo como Pai, poderemos nos livrar desse controle tenso em nossas vidas que produz os maus frutos do medo. Isso não é "abrir mão e deixar por conta de Deus". Trata-se de "abrir mão, correr o máximo possível em direção ao seu Salvador e aprender a confiar em Deus".

Há, contudo, um temor que queremos ter. É o temor definido como uma admiração fascinante do santo Deus que teve a bondade de se tornar homem, morrer na cruz e levar toda a ira que você e eu merecíamos, a fim de que, dessa forma, pudéssemos entrar em sua presença. Podemos entrar em sua presença e receber a graça. Podemos transformar nosso medo ruim e pecaminoso em temor a ele. É isso o que ele faz: transforma carvão em diamantes. Não temos que ser paralisadas pelo medo, pois temos um Deus que mantém o oceano sob controle com a palma de sua mão. Ele não promete que a nossa vida será fácil (longe disso), porém promete cuidar de nós, suas filhas, até o fim e por toda a eternidade. Basicamente, lutamos contra o medo confiando no Senhor e temendo a ele.

O medo é uma emoção que nós podemos sentir de diversas maneiras; ele pode ser paralisador, controlador e, até mesmo, motivador. Infelizmente, o medo, quase sempre, é produto do pecado em nosso coração. Ele tem uma forma de sussurrar mentiras em nossa alma a respeito de quem Deus é. Contudo, existem formas boas de medo (à parte do temor a Deus descrito acima)? Ele pode ser legítimo ou justo, ou é sempre pecaminoso? Apesar de, sem dúvida, o medo mais aceitável ser o temor do Senhor, há vezes em que o medo é aceitável e até mesmo sábio. Nos capítulos a seguir, me aprofundarei naquilo que consiste ser um medo aceitável. E, para ser clara, não estou defendo o destemor imprudente. Não estou dizendo que você deva encontrar um penhasco para pular ou tenha que fazer uma lista de sonhos repleta de acrobacias e desafios que, antes de ler este livro, você jamais faria. Não é sobre isso que estou escrevendo. Escrevo sobre os medos contra os quais batalhamos enquanto vivemos nossa vida normal do dia a dia, que pode ou não incluir o salto de um penhasco.

Introdução

Por isso, peço a você para engatinhar, cambalear e caminhar comigo entre as provações e medos que enfrentamos, enquanto aprendemos a substituir nossos medos pela confiança e temor do Senhor. Somos dadas ao medo e desejamos o controle, no entanto o Senhor tem algo muito melhor para nós. Ele tem o melhor caminho – caminho este que nos dará vida e paz.

Medos do Coração fala sobre como nós também podemos nos revestir de força quando colocamos nossa segurança no Senhor (Pv. 31.17).

O avião continua oscilando e balançando; como eu gostaria que não estivesse assim! Porém, enquanto vamos para cima e para baixo e balançamos de um lado para o outro, percebi que tenho uma escolha a fazer. Neste exato momento, deparo-me com a escolha de ranger os dentes e imaginar a vida dos meus filhos e a do meu marido sem mim ou de confiar no Senhor. Neste exemplo – e pela graça de Deus – opto por confiar e, nas páginas a seguir, lhe direi a respeito de como cheguei a um patamar melhor de confiança (ainda tenho muito a aprender!).

CAPÍTULO 1 MEDO DO HOMEM

No início, logo ao me tornar cristã, lembro-me de me sentir despreocupada, e dizer que eu estava empolgada com o Senhor seria muito pouco. Eu parecia uma esponja. Qualquer coisa que alguém dissesse a mim a respeito da minha fé recém-descoberta, eu compreendia como sendo "o evangelho". Como você pode imaginar, para uma jovem cristã influenciável, isso não era bom. Eu não entendia a graça plenamente e, conforme as pessoas falavam a respeito do pecado, comecei a ficar com medo de não corresponder à altura. Comecei a viver com medo de pecar. Comecei a questionar minhas motivações, ações e pensamentos – tudo – e a presumir que todas as pessoas estavam questionando essas mesmas coisas também! Eu estava com medo do julgamento dos outros. Estava aterrorizada com a opinião das outras pessoas. Eu julgava os outros baseada nos meus medos, e temia o homem.

"Medo do homem" é um termo utilizado para descrever o coração de alguém que age ou diz, ou que *não* age ou *não* diz, determinadas coisas por causa do medo daquilo que os outros podem pensar. Há um exemplo assim nas Escrituras, no livro de João, capítulo 12, quando as pessoas e as autoridades creram em Jesus, mas não o confessavam por temer que fossem expulsas (Jo 12.42-43). Até mesmo Pedro, que andou com Cristo e era um de seus discípulos, o negou três vezes por causa do medo do homem (Mc 14.66-72). Importar-se demais com o que as outras pessoas pensam pode ser prejudicial à sua fé e causar grande desespero. Pelo menos, foi assim comigo.

As muitas preocupações quanto ao que os outros pensam

Pecado não é um conceito desconhecido. Trata-se da condição desfavorável que enfrentamos ao nascer e que permanece em nós até o momento em que o Senhor nos levar para casa. Eu pequei, continuo pecando e pecarei mais. No entanto, no meu orgulho, houve um tempo quando não queria que qualquer pessoa pensasse que eu pecava. Eu odiava a ideia de desapontar alguém. Não percebi isso até eu me tornar uma jovem cristã adulta, mas foi algo contra o qual havia batalhado durante toda a minha vida – o agradar as pessoas.

Eu era a famosa líder de torcida, a *nerd* que tocava flauta na banda, a aluna exemplar, a presidente do grêmio estudantil e a boa garota (exceto com os garotos – gostava de meninos desde muito nova). Eu era *a* garota. A perfeita, a amiga de todos, sempre sorridente , a típica boazinha (eu era uma garota feliz de verdade e, tudo bem – algumas coisas não mudaram, mas agora é a alegria do Senhor). Porém, eu tinha um segredo: adorava o elogio das pessoas e odiava a ideia de fazer algo errado. A pessoa mais importante da minha vida quando menina era o meu pai, e o que eu mais queria era agradar-lhe.

Por isso, eu trabalhava duro, geralmente obedecia (nós não tínhamos muitas regras) e me sobressaía nas atividades extracurriculares e na escola. Acho que esse medo do homem e desejo de honrar o meu pai era, na verdade, uma parte da graciosa proteção dada por Deus. A garotada estava experimentando drogas, e eu não queria me envolver de forma alguma com aquilo. Eu não era festeira, mas tive um relacionamento "sério" quando jovem com um garoto e me lembro de conversar sobre esse relacionamento carnal com o meu pai. Foi o meu respeito por ele que me levou a rompê-lo. Houve um respeito saudável e um temor nesse caso sobre o qual escreverei mais adiante, mas, no geral, muitas das minhas ações eram apenas o desejo de agradar e ser vista como aquela que faz o bem. Meu pai incutiu em mim o amor pelas pessoas, então nem todas as coisas que eu fazia eram para agradar as pessoas, entretanto, a ideia de desapontar o meu pai me rasgava por dentro.

Assim, quando me tornei cristã, por volta dos meus vinte anos, e o Espírito Santo começou a revelar o meu coração pecaminoso, eu fiquei espantada. Não podia acreditar que havia a possibilidade de parte da minha motivação em fazer o bem e ser tudo aquilo que poderia ser fosse proveniente do pecado. Apesar de tudo, eu era uma boa pessoa, certo? Meu orgulho era tão grande que eu fui condenada. Basicamente, o meu problema com o querer agradar as pessoas foi o fato de vir a acreditar que a opinião dos outros a meu respeito era muito mais importante do que a opinião de Deus.

Em seu livro *O Desejo de Agradar Outros*, Lou Priolo escreveu que uma das muitas tentações passíveis de serem enfrentadas por aqueles que buscam agradar as pessoas é "um amor excessivo pelo elogio que os induz a considerarem mais a opinião do homem a respeito de si mesmo do que a opinião de Deus"[1]. A tolice dessa tentação se dá porque os homens e as mulheres que buscamos agradar são exatamente como nós – falíveis.

O medo do homem é manifestado de diversas maneiras. Na minha vida, era tudo voltado para a boa aparência e, como eu mencionei anteriormente, para fazer o meu melhor a fim de não desapontar o meu pai. (Por ironia, era extremamente difícil desapontar meu pai. Ele era muito bondoso, razão que tornava meu medo muito mais vão.) Para outras pessoas, o medo pode ser impulsionado pelo desejo de se adequar a determinado grupo ou pelo desejo de não ser associado a certa pessoa.

Talvez você se recuse a se relacionar com determinadas pessoas, rejeitando-as a fim de aparecer de alguma maneira para os outros. As redes sociais têm um modo de acabar com o medo do homem. Nós verificamos quem "curtiu" o nosso post ou fotografia, temendo o que escrever, esperando que seja notado.

Você já ouviu o provérbio: "Nada há, pois, novo debaixo do sol" (Ec 1.9). Definitivamente, trata-se de uma verdade em relação ao medo do homem. Pedro (você sabe, o homem que recebeu as chaves do reino) negou seu amigo e Salvador não apenas uma vez, mas *três* vezes. Ele não o negou durante os dias felizes. Ele negou a Cristo a caminho de sua morte, e o fez por causa do

---

1 Lou Priolo, *O desejo de agradar outros* (São Paulo: Nutra, 2013).

medo do homem. Analisar esse relato da vida de Pedro dará a você e a mim uma ideia das motivações e consequências desse medo.

Jesus havia profetizado que Pedro o negaria, porém Pedro contestou com veemência, dizendo: "Ainda que me seja necessário morrer contigo, de nenhum modo te negarei" (Mc 14.31). Ele caiu na armadilha de acreditar que estava acima do pecado. Paulo nos adverte de que, se achamos que estamos de pé, "vejamos para que não caiamos" (1Co 10.12). Ninguém é totalmente imune a certas tentações, mas Pedro estava muito seguro de si. Ele tinha certeza de que permaneceria firme com Jesus, enfrentando as autoridades e os escarnecedores até o amargo fim (Mc 14.29).

Você sabe, entretanto, como a história acaba. Pedro não permaneceu firme com Cristo e o negou duas vezes para uma criada e, depois, para toda a multidão. Ele soube imediatamente após o galo cantar que havia sido reprovado no teste, mesmo estando certo de que passaria. Pedro não permaneceu com seu orgulho nem inventou desculpas para a sua negação. Ele caiu em si e chorou. Imagino que foram muitas lágrimas. O apóstolo tinha traído o seu amigo, mestre e Salvador por temer que sua própria vida lhe fosse tirada. Pedro não queria morrer e, naquele momento, se esqueceu do significado de seguir a Cristo.

Quando sentimos medo do homem, nos unimos a Pedro em seu momento de esquecimento. Ele se esqueceu de que aqueles que matam o corpo não podem matar a alma (Mt 10.28). Você verá essa passagem bíblica mencionada de diversas maneiras ao longo deste livro, porque ela está repleta, em poucas palavras, de verdades teológicas sobre o temor do Senhor. Há somente um a quem devemos temer, e esse é o Senhor. No entanto, Pedro se esqueceu, assim como você e eu fazemos com tanta frequência. Sua busca era pela autopreservação. Para ele, era mais importante se misturar à multidão do que ser conhecido como "um deles".

Anteriormente, mencionei ter Pedro recebido as chaves do reino. Eu fiz tal menção de modo que não o fizesse parecer tolo nem o condenasse, mas sim, destacasse a graça maravilhosa de Jesus. Cristo sabia que Pedro o negaria. Jesus é Deus e, portanto, possuía toda a presciência de seu Pai. Ele não apenas predisse a negação de Pedro (Mc 14.27-31); Jesus sabia que, um dia, honraria Pedro apesar disso (Mt 16.19). E ele faz o mesmo por nós.

Infelizmente, você e eu negamos a Cristo em todos os momentos quando nos importamos mais com o que os outros pensam a nosso respeito do que com o que Deus já declarou. Todas as vezes que buscamos a aprovação e os elogios dos homens, nós dizemos para o Senhor que o seu sacrifício não foi suficiente. E ele nos diz que se tornou "o temor do homem" para que nós fôssemos contadas justas. Nós somos apresentadas perante o Senhor com a única preocupação de amá-lo e agradá-lo - e isso já foi feito por causa de Cristo. Ele já está satisfeito com você e comigo.

Há outro problema preocupante com relação ao medo do homem sobre o qual, talvez, não pensemos muito, e se trata do julgamento. O medo do homem nem sempre é a nossa negação do outro ou a nossa tentativa de impressionar; nós podemos temer o homem em nossos pensamentos particulares sobre ele. Nossos cenários e medos imaginários podem levar ao julgamento de outras pessoas.

Calúnia, julgamento e medo do homem

Eu me lembro de um incidente quando ouvi o meu nome e minha pessoa serem severamente criticados. Foi terrível. Doeu. Eu entrei na sala e, imediatamente, confrontei os responsáveis. Eu chorei, eles confessaram e foi isso. Eles pediram perdão, e eu perdoei.

Em geral, não sabemos o que as outras pessoas *realmente* pensam sobre nós. E, com frequência, me pergunto se realmente queremos saber. Na maior parte do tempo, somos levadas a presumir o melhor ou absolutamente nada. Infelizmente, entretanto, muitas de nós não presumimos o melhor nem absolutamente nada. Estamos preocupadas com a opinião dos outros. Esse é o medo do homem. Ele pode surgir de diversas formas, mas há uma coisa da qual podemos ter certeza – é uma cilada (Pv 29.25). Eu descobri que, quando sou tentada a sentir medo do homem, em geral, esse sentimento está enraizado no temor daquilo que a outra pessoa pensa a meu respeito. No entanto, conforme me aprofundo mais, percebo que eu estou, na verdade, julgando e presumindo o pior *dela*.

O medo do homem e o julgamento

O medo do homem quase sempre termina com o julgamento sobre os outros, porque nós começamos a supor que conhecemos as motivações, pensamentos, caráter e intenções da outra pessoa. Alguém esquece de responder um e-mail, então você presume que não é uma prioridade e que a pessoa é egoísta. Acontece que ela estava de férias. Você passa por alguém no corredor, e a pessoa não acena, então você deduz que ela não gosta de você ou é mal-educada. Acontece que a pessoa não a viu. Você convida alguém para fazer alguma coisa, e ela gentilmente recusa, então você presume que ela está decepcionada com você. Ocorre que ela apenas não quer participar ou está doente ou ocupada. Não importa, na verdade, o que a outra pessoa pensa ou faz, porém a nossa obsessão com a preocupação relacionada ao que as outras pessoas pensam sobre nós nos leva a julgar de maneira pecaminosa.

O medo do homem e o autoesquecimento

Os falsos pensamentos que nos levam a julgar os outros são uma forma de orgulho capaz de ser remediado somente pelo que Tim Keller chama de "a humildade que brota do evangelho". Conforme ele explica em seu valioso livro *Ego Transformado* :

> A humildade do evangelho mata a necessidade que tenho de pensar em mim. Não preciso mais ligar as coisas à minha pessoa. Essa humildade dá fim a pensamentos como: "Estou nesta sala com essas pessoas. Isso faz com que eu seja bem visto por elas? Estar aqui me faz bem?". A humildade baseada no evangelho significa que não relaciono mais cada experiência e cada conversa à minha pessoa. Na verdade, deixo de pensar em mim mesmo. É a liberdade que vem do autoesquecimento. É o descanso bendito que somente o autoesquecimento nos oferece.[2]

---

[2] Timothy Keller, *Ego Transformado: A humildade que brota do evangelho e traz a verdadeira alegria* (São Paulo: Vida Nova, 2014), 34.

A preocupação com o que os outros pensam é orgulho. Talvez, você anseie ser respeitada. Talvez, você odeie a ideia de ser mal-entendida (Ah! Como penso nisso!). Seja o que for, trata-se de orgulho, e nós sabemos que Deus se opõe aos soberbos (Tg 4.6).

Todo cristão verdadeiro almeja a humildade que brota do evangelho. Nenhuma de nós deseja permanecer onde está – queremos ser transformadas à semelhança de Cristo. Os cristãos não desejam desobedecer a Deus e entristecer o Espírito Santo. Além disso, não é divertido ser consumida por aquilo que você acha que a outra pessoa pensa. Keller compartilha o segredo para o doce esquecimento que encontramos no evangelho:

> Você já notou que é somente no evangelho de Jesus Cristo que o veredito é dado antes de desempenharmos nossas ações? [...] No cristianismo, o veredito leva ao desempenho. Não é o desempenho que leva ao veredito. No cristianismo, no momento em que cremos, Deus afirma: "Este é o meu Filho amado, em quem me comprazo". Vejamos também Romanos 8.1 que diz: "Agora, pois, já nenhuma condenação há para os que estão em Cristo Jesus". No cristianismo, assim que cremos, Deus nos imputa as ações perfeitas de Cristo, seu desempenho, como se fossem nossas e nos adota como filhos. Ou seja, Deus pode nos dizer exatamente o que disse a Cristo: "Tu és o meu Filho amado, em ti me comprazo"[3].

---

3 Estou retratando Keller, *Ego Trasnformado: A humildade que brota do evangelho e traz a verdadeira alegria* (São Paulo: Vida Nova, 2014), 42.

O veredito do "muito bem" está dado, e, como resultado, você e eu damos início à corrida da fé, despojando-nos do julgamento e do medo do homem. Mesmo, lamentavelmente, fracassando no futuro, esforçamo-nos ainda assim. Afinal, o "muito bem" de Deus motiva e inspira uma vida consagrada para a sua glória.

Eu gostaria de poder dizer que a luta contra o medo do homem e contra a tentação de julgar as outras pessoas é fácil, mas não é. No entanto, podemos estar certas de que Deus realmente completará a boa obra que começou em nós (Fp 1.6). Trata-se de uma caminhada de fé, uma corrida em direção à linha de chegada, a qual nos fará passar da luta contra o pecado e contra a tentação para a glória. Um dia, nós estaremos com o nosso Salvador, adorando a ele por toda a eternidade. Nunca mais adoraremos o ídolo do homem.

A encruzilhada

Quando eu ouvi as boas novas do evangelho pela primeira vez, foi tão maravilhoso e libertador que não consegui deixar de me alegrar e de compartilhar com as outras pessoas. (Você já percebeu isso nos novos cristãos?) Porém, como que num instante, minha alegria e meu espírito despreocupado foram tomados pelo medo do homem. Eu tinha pavor, o tempo inteiro, de estar fazendo alguma coisa errada. Eu já tinha medo do homem antes, mas, agora, ele não me era mais oculto. Ele estava me olhando fixamente nos olhos. Houve um curto período de tempo quando achei que tivesse dominado a besta. Eu li livros (semelhantes a este capítulo) totalmente dedicados ao tópico. Orei. Fiz todas essas coisas e parecia que estava funcionando. Mas, então, eu me casei. Lembro-me de situação após situação quando tinha medo daquilo que meu marido pensava sobre mim. Ele achava que meu corpo tinha curvas o bastante? Eu tinha curvas em excesso? O que ele achava dos meus dotes culinários? Minha comida estava à altura dos padrões da mãe dele? (Ela era chefe de cozinha sem o título ou as honras.) Era uma batalha sem fim. Ele me agradecia por ter feito a comida, mas não da maneira como eu esperava, então eu simplesmente supunha que ele tinha odiado. Sentia-me diminuída. Eu, eu, eu. Tudo girava em torno de mim.

Infelizmente, não parou por aí. Meu temor quanto ao que as outras pessoas pensavam a meu respeito começou a afetar o meu casamento. Meu marido me tranquilizava e me encorajava sobre vários assuntos, e, ainda assim, eu tinha medo daquilo que as outras mulheres achavam. As mulheres davam suas opiniões e, em vez de contrapô-las segundo a Palavra de Deus e confiar no Senhor (e no meu marido), eu era paralisada pelo medo. Eu criticava as decisões dele, pensando naquilo que os outros fariam ou não fariam. Odiava a ideia de não ser aceita por ser "diferente".

Como já mencionei, o medo do homem é descrito na Palavra de Deus como uma cilada (Pv 29.25). Cilada é uma armadilha. Ela prende você em sua mente e a impede de obedecer, confiar e temer ao Senhor. Foi uma armadilha que me impediu de confiar em meu marido quanto às suas decisões e palavras. Trata-se de uma cilada porque a leva à armadilha de colocar as pessoas acima de Deus – as pessoas se tornam o seu objeto de adoração.

Eu me vi em uma encruzilhada. Eu poderia acreditar ser verdadeiro aquilo que Deus disse em sua Palavra sobre os seus filhos ou eu poderia continuar confiando em meus próprios sentimentos, medos e ideias. Era uma questão de fé. Deus diz que ele é por nós (Rm 8.31); ele considera aqueles em Cristo como cobertos pela justiça de Cristo (Rm 5.17); e ele está trabalhando em nossa vida (Fp 1.6). Deus estava me humilhando para, então, poder me exaltar.

O remédio para o medo do homem não é uma visão melhor de si mesma ou um amor maior por si mesma. Como eu disse em meu livro *United*:

> A receita do mundo para a cura do medo do homem é encontrar maneiras de ter orgulho de si mesma e encontrar segurança em si e através de si. Citações como: "Ame-se" ou "Acredite em você" ou até mesmo a ótima, mas teologicamente ineficaz, citação tão atribuída a Walt Disney: "Se você pode sonhar, pode fazer", estão todas focadas no eu. No entanto, Deus diz que o oposto do medo do homem não se encontra na segurança e orgulho de si mesma. Não. Está em colocar a sua confiança e segurança nele.[4]

O acabar de uma vez por todas com o medo do homem está pautado, como Tim Keller diz (tomando emprestado de C. S. Lewis), em pensar menos em si mesmo.[5]

---

4 Trillia Newbell, *United* (Chicago: Moody, 2014), 45.
5 Keller, *Ego Transformado*.

Para você e eu pararmos de nos preocupar com os outros, temos que começar a pensar em Deus. Conforme nós meditamos a respeito do caráter do Pai e nos lembramos de sua santidade (Sl 77.13), onisciência (Sl 147.5), soberania (Dt 4.39) e amor (Jo 3.16), começamos a experimentar o princípio da sabedoria e do entendimento (Sl 111.10). Quando eu comecei, intencionalmente, a pensar a respeito do caráter de Deus, passei a experimentar a verdadeira liberdade em Cristo e a alegria no Senhor. Minha vida já não dependia parcialmente das outras pessoas; estava mais sujeita, em sua totalidade, a Deus.

Outra vez, não é que eu pense menos de mim mesma. Eu não luto contra o medo do homem e contra a minha preocupação relacionada ao que os outros pensam presumindo o pior de todas as coisas que eu faço ou me culpando enquanto enalteço outras pessoas. Eu não nego as dádivas de Deus em minha vida, o que seria falsa humildade. Não ando com minha cabeça baixa, com medo de ser elogiada ou encorajada, o que só chamaria ainda mais a atenção para mim. O que estou aprendendo a fazer é esquecer de mim mesma para, assim, conseguir alegrar-me com as outras pessoas e desfrutar daquilo que o Senhor está fazendo. E o mais importante: desfrutar do meu Pai e adorá-lo.

Você pode não lutar com a mesma severidade que eu, porém, não tenho dúvida de que você já se pegou em situações em que estava preocupada com o que os outros pensam a seu respeito. Isso é muito fácil. Eu acredito que uma razão para nos importarmos tanto com o que as outras pessoas pensam é o desejo de preservar uma imagem. Nós queremos que os outros pensem que somos despreocupadas ou "legais", por isso desobedecemos ao Senhor em determinada área; queremos que os outros nos achem justas; então fazemos o papel de boa menina quando estamos infelizes; queremos que os outros pensem que não nos relacionamos com aquelas pessoas ou com aquela organização, por isso ignoramos os amigos (como Pedro ignorou Jesus). Nossas ações nos impedem de amar e servir as outras pessoas, quase sempre, porque simplesmente nos importamos demais com o que os outros pensam. Nós fazemos isso por causa do orgulho. Nosso orgulho e desejo de sermos vistas de determinada maneira nos impedem de viver a vida que Deus deseja para nós.

Logo, a pergunta verdadeira é: você luta para encontrar sua aceitação plena e completa satisfação somente em Deus? Eu luto e estou certa de que você também o faz. Todos o fazem em diferentes níveis. Contudo, caso você se identifique com o que eu escrevi e tenha um anseio profundo de ser aceita por outras pessoas, você pode estar experimentando o desespero. Simplesmente, você não será capaz de agradar as pessoas. Isso não é possível. Nós podemos agradar os outros, porém apenas até determinado ponto, e isso nunca será o suficiente. O elogio delas apenas nos deixará ávidas por mais. A afeição delas nos deixará querendo mais. A aceitação delas acabará quando elas pecarem contra nós, e nós descobrirmos que elas também são pecadoras. A única coisa que sempre nos satisfará e não nos desapontará é o Senhor.

Nós não podemos encontrar os verdadeiros e duradouros prazer e satisfação senão nele e através dele. Davi entendeu isso e escreveu: "Tu me farás ver os caminhos da vida; na tua presença há plenitude de alegria, na tua destra, delícias perpetuamente" (Sl 16.11). Nós negociamos esses prazeres, os quais são perpétuos, na esperança de aceitação ou exaltação que dura um minuto e vem de meros mortais. Quando você pensa sobre isso dessa forma, fica claro que se trata de uma busca inútil.

O problema de vivermos muito tempo aqui é que podemos correr o risco de nos tornarmos extremamente introspectivas. O ponto não é fazer você sentir pena de si mesma. Não é esse o objetivo e não é o espírito do autoesquecimento. O que você e eu precisamos fazer é lembrarmos-nos de Deus. Nós não temos que buscar agradar as pessoas, porque existe alguém que já está satisfeito conosco. O sangue de Jesus cobre o medo do homem. Deus olha para você como justa, como se você temesse a ele com perfeição. Você e eu não conseguimos pregar isso a nós mesmas o suficiente, pois esquecemo-nos com facilidade. Deus tem poder para transformar a mim e a você – ele completará a sua boa obra.

Um lugar seguro

O texto de Provérbios 29.25 diz que aqueles que temem o homem armam ciladas, mas aqueles que não temem o homem e confiam no Senhor estão seguros. Em outras palavras, o medo do homem reflete um coração que não confia no Senhor. Pedro não confiou que o Senhor o protegeria; e, quando eu temo o que as outras pessoas pensam, eu não confio que o Senhor está satisfeito comigo. No entanto, Deus está em busca de nosso coração e de nossa mente. Ele quer que nós o amemos de todo o nosso coração e de todo o nosso entendimento (Mt 22.37). Ele quer que nós confiemos nele. Somente nele há paz, descanso e segurança.

É tão comum ouvir a respeito de quanto o Senhor perdoa pecados, e, talvez, essa seja a expressão final de segurança nele (segurança contra a sua ira), porém, raramente falamos sobre esse aspecto de seu caráter. Há segurança em Deus. Você e eu achamos que temos de estar no controle de como somos vistas ou daquilo que os outros pensam, mas Deus diz não, nós estamos seguras. Nós achamos que precisamos nos preocupar com a dor que as outras pessoas poderiam nos infligir, física ou de alguma outra forma, então nós nos abstemos de falar a respeito de Jesus; mas Deus diz não, nós estamos seguras. O medo do homem nos leva à armadilha, como um animal enjaulado, mas o temor do Senhor nos conduz aos braços de um Pai protetor. O quão maravilhoso é isso? No capítulo 9, nós nos aprofundaremos no significado de temer ao Senhor, porém, neste momento, basta estar ciente de que você está segura no Senhor.

Talvez essa seja a primeira vez que você encara o medo do homem da maneira como ele é. Como mencionei anteriormente, o Senhor não deseja que nós permaneçamos da forma como estamos. Você e eu não queremos ser como o homem que olha no espelho e se esquece de sua aparência (Tg 1.23-24). Se Deus está trazendo a doce graça da convicção, ele providenciará a doce graça da fuga, do perdão e do arrependimento. Peça a Deus para lhe dar a visão de quem ele é e, então, confie que ele é o que diz ser. Você está segura nele.

Meu pai faleceu durante o meu primeiro ano de faculdade. Ele lutou contra o diabetes juvenil a maior parte da vida, e, no fim, o câncer e a insuficiência cardíaca congestiva o levaram para o seu descanso final. Ele era o meu herói e o meu melhor amigo. O Senhor usou a vida dele para me proteger de muitas coisas e usou a sua morte como meio de se revelar a mim. Eu não vivia mais para o meu pai. Ao me tornar cristã, ficou muito claro para mim que Deus queria que eu entendesse que ele é o meu Pai. E embora eu peque contra o Senhor, eu não o desaponto, porque ele não está olhando para o meu desempenho – ele está olhando para Jesus. Isso é extraordinário. Como sua filha, quero agradar-lhe e prestar-lhe a honra devida ao seu nome, mas não preciso ter medo de sua rejeição ou fúria (ira). Esse é o nosso Pai, senhoras. Deixe esse fato motivá-las a não ter mais medo de nada.

Capítulo 2 — Medo do Futuro

Em seu emprego, meu marido tem que fazer viagens que duram alguns dias ou até uma semana. Toda vez que ele parte, eu luto contra o medo de ele nunca mais voltar. Ele embarca no voo, e eu imagino o avião ardendo em chamas. Ele aluga um automóvel, e eu oro para que ele não se envolva em um acidente de carro. A verdade é: essas coisas *poderiam* acontecer (ok, não é provável que o avião queime em chamas, mas acontece). Eu conheço mulheres cujos maridos morreram em acidentes de carro; sei que há vezes quando as pessoas saem pela porta para fazer alguma coisa de rotina e nunca retornam; no entanto, eu não posso viver constantemente preocupada com um futuro que não aconteceu.

Eu não sei se existe um medo maior para as mulheres do que o medo daquilo que está para acontecer (ou daquilo que não irá acontecer). Você e eu oramos, corretamente, por nossos maridos, filhos, educação escolar, a busca ou não de uma carreira, mas quase nunca chegamos a Deus em paz. Pelo contrário, nós chegamos a ele aguardando ansiosamente o nosso destino. A bondade seguirá todos os dias da vida de *fulana*, ou a vida de *sicrana*, ou, talvez, a vida de *beltrana*, podemos pensar, mas, com certeza, a *minha* vida não. É difícil não ter controle, e uma coisa que nunca podemos determinar é o que está por acontecer. Felizmente, a Palavra de Deus está repleta de amáveis promessas que destrói todos os nossos pensamentos pavorosos.

Imagine, caso você chegue lá, que esteja com 90 anos de idade. Você, muito provavelmente, estará fraca, com cabelos grisalhos, com a possibilidade de estar caminhado com uma bengala, ou talvez, nesses dias, passe a maior parte do tempo em uma cadeira de rodas, porque suas pernas, que um dia foram fortes, enfraqueceram-se. Agora, imagine uma pessoa indo até você e dizendo: "Ei, Sara, sabe aquela criança que você sempre quis? Pois é, chegou a hora. Você finalmente vai gerar um filho". Você olharia para ela em absoluta incredulidade. Talvez, até desse risada. Todos esses anos de espera e desejo, e, então, quando todo raio de esperança se foi, um filho é prometido.

Eu estou me referindo à história da promessa de Deus com relação a Isaque feita a Abraão e Sara. Nas páginas de Gênesis, lemos como Deus prometeu a Abraão um legado de nações por meio do nascimento de um único filho (Gn 17.16). Abraão e Sara riram, em dúvida, ao ouvir a declaração de Deus (Gn 17.17; 18.12). Sara, imagino eu, deve ter desejado filhos antes da promessa de Deus. Há muitos medos associados à possibilidade de você não conseguir engravidar e, pela risada duvidosa dela, acredito eu, ela, com 90 anos de idade, tinha desistido da perspectiva de conceber um dia. Você poderia realmente se imaginar engravidando aos 90 anos?

Com uma pergunta retórica, Deus desafiou Sara a confiar nele, depois de ela ter rido, de propósito, duvidando de que engravidaria: "Acaso, para o Senhor há coisa demasiadamente difícil?" (Gn 18.14). Deus cumpriu a sua promessa, e Sara, milagrosamente, ficou grávida. No entanto, uma vez grávida, ela tinha nove meses de espera para ver como o seu corpo delicado e fraco responderia. Ela seria capaz de carregar um bebê até o fim? Por meio de um aborto, Deus ensinaria a ela uma lição sobre confiar nele? Eu não sei quanto a você, mas esses são alguns pensamentos contra os quais eu lutaria depois de engravidar aos 90 anos. Eu lutaria com o medo do desconhecido. Eu iria querer ter o controle total da situação. Talvez eu lutaria com isso, porque alguns desses medos já se concretizaram comigo. Passei por quatro abortos e tive que lutar contra o medo de perder a criança a cada gravidez. Mais adiante, no capítulo 4, eu compartilharei mais a respeito dessa experiência.

Você pode estar pensando: *Sim, mas todas as coisas aconteceram exatamente da maneira como esses personagens bíblicos esperavam.* Sim e não. Sara teria amado ter tido um filho quando era mais nova (presumo eu). Ela morreu aos 127 anos de idade, deixando Abraão um viúvo de luto e não conseguindo ver o seu filho Isaque se casar (Gn 23.1; 24). E, como sabemos, a vida continuou sendo difícil para os seus descendentes. Aconteceu da maneira como o Senhor havia planejado? Com certeza! E Deus redimiu a situação no final? Sim. No entanto, você não consegue ver o futuro da sua vida como o faz na Palavra de Deus. Nós não visualizamos a imagem toda, não é? Então, temos de confiar no Senhor, porque somente ele tem pleno conhecimento. Porém, uma coisa é garantida e esperada todos os dias de sua vida: a fidelidade de Deus.

Estas palavras – Deus foi fiel e será outra vez – aparecem na letra da música *"Ele sempre foi fiel",* de Sara Groves. Na música, ela relata a fidelidade de Deus a cada manhã e a cada estação. Ela fala:"A cada estação, eu o observo, maravilhada; em respeito aos mistérios de seus caminhos perfeitos".[1] Cada página da Bíblia exclama a fidelidade de Deus. Cada história leva a Jesus e à redenção do mundo. E, se analisarmos, podemos ver a fidelidade do Pai a nós neste momento.

Em Deuteronômio 32.4, Moisés refere-se a Deus como a "Rocha" cujas obras são "perfeitas" e cujos caminhos são "juízo". "Deus é fidelidade, e não há nele injustiça; é justo e reto". Além disso, nós lemos em 1 Tessalonicenses 5.24 a respeito da confiança de Paulo na fidelidade de Deus: "Fiel é o que vos chama, o qual também o fará". E, em outra passagem, Paulo escreve que Deus completará a boa obra que começou em nós (Fp 1.6). O Salmo 89, embora seja um lamento, também canta a fidelidade de Deus: "Cantarei para sempre as tuas misericórdias, ó Senhor; os meus lábios proclamarão a todas as gerações a tua fidelidade [...] Ó Senhor, Deus dos Exércitos, quem é poderoso como tu és, Senhor, com a tua fidelidade ao redor de ti?!" (vs. 1, 8).

Você e eu temos que lutar para lembrar da fidelidade de nosso Pai quando nos deparamos com os numerosos medos do futuro. Pergunte a si mesma: Como Deus tem sido fiel? Este ano, você pode contar com a fidelidade do Senhor outra vez. Isso não significa que todas as coisas acontecerão exatamente como deseja. Isso não quer dizer que cada oração será respondida como você quer. Porém significa que, segundo a bondade e soberania de Deus, ele fará to-

---

1 Thomas O. Chisholm, William M. Runyan, Sara Groves, "He's Always Been Faithful," from the album *Conversations* (Carol Stream, IL: Hope, 2001).

das as coisas cooperarem conforme achar que são boas para você (Rm 8.28). Nós podemos não enxergar a evidência da mão fiel de Deus até o fim de nossos dias, mas sabemos que ela estará lá.

Até aquele dia quando a nossa fé se tornará em visão, continuaremos lutando. Acho que existem duas razões pelas quais tenho a tendência a sentir medo do futuro. A primeira é o fato de eu acreditar que sei o que é melhor para a minha família e para mim. Eu estou convencida de que faria o melhor e, portanto, quero assumir o controle. Durante esse tempo, eu não confio que o Senhor sabe o que é o melhor nem confio que ele está agindo como o meu Pai. O que todas nós precisamos, penso comigo mesma, é paz, ótima saúde, prosperidade e conforto. Nós precisamos de uma vida de tranquilidade e não de sofrimento. Esses não são desejos ruins em si mesmos. Para falar a verdade, muito dessa vida dos sonhos que eu espero é o que receberei, um dia, no céu. A vida é difícil, porque vivemos em um mundo caído. Assim que o pecado entrou no mundo, a vida e o trabalho assumiram um notável grau de dificuldade.

No entanto, o que acontece quando eu temo pelo pior a respeito de nosso futuro? O que acontece quando eu penso que posso estar correndo o risco de receber essas coisas difíceis? Minha tentação é ficar ansiosa e me encher de preocupação. A ansiedade pode levar ao comportamento irracional. Eu me lembro de um dia em particular quando estava preocupada com o meu marido. Eu sentei no sofá esperando ele me ligar. Ele estava fora da cidade a trabalho, e eu queria ter certeza de que ele havia chegado em segurança. Liguei para o celular dele e ninguém atendeu. Depois de 30 minutos de silêncio, imaginei que ele deveria estar ocupado e continuei o meu dia.

Algumas horas se passaram, e eu comecei a ficar preocupada. Ele foi roubado? O avião caiu como uma bola de fogo? (Eu e os aviões? Pois é, meu medo de voar nem é tão óbvio!) Minha mente começou a vaguear, e as suposições e os medos tomaram conta. Então, o telefone tocou. "Olá, querida", disse ele com sua voz calma e serena como de costume. "Desculpe-me por não ter te ligado. Meu telefone ficou sem bateria e só agora consegui me ajeitar no hotel".

Toda a minha preocupação fez algum bem a alguém? Não. E, felizmente, Deus tem algo a dizer sobre isso. Em Mateus 6.27, "Qual de vós, por ansioso que esteja, pode acrescentar um côvado ao curso da sua vida?". A resposta é simples – ninguém acrescenta nada à sua vida preocupando-se com o futuro. Jesus está falando para não ficarmos ansiosos com relação à nossa vida, e muito daquilo que ele fala tem a ver com o futuro: "Não andeis ansiosos pela vossa vida, quanto ao que haveis de comer ou beber; nem pelo vosso corpo, quanto ao que haveis de vestir" (Mt 6.25).

A segunda razão pela qual temo o futuro, acredito eu, seja a desconfiança. Todo o medo tem um elemento de desconfiança, mas o medo daquilo que acontecerá no futuro de alguém parece ter origem, em especial, na falta de fé. Uma vez que Deus é real, poderoso e bom, por que eu não descansaria no desconhecido? Porque, durante esses momentos quando sinto que todas as coisas estão fora de controle, creio que Deus não é quem ele diz ser e, por isso, eu mesma tenho que lidar com a situação do meu jeito. Na realidade, estou dizendo que Deus não consegue lidar com esse desastre em potencial, logo, eu preciso tentar achar uma solução através da preocupação ou de ações que podem não ser necessárias.

Minhas inquietações em relação ao futuro, geralmente, envolvem a saúde e a segurança da minha família, mas as suas podem ser outras. Talvez, o seu medo do futuro envolva a perda da casa, as finanças, o trabalho, então, por causa desse medo, você perde a fé na provisão de Deus e, por isso, acumula tesouros na terra (Mt 6.19-21) e não se entrega financeiramente. Talvez, o seu medo seja o divórcio, então você é tentada a desconfiar do seu marido. Existe uma lista infinita de maneiras como podemos ser tentadas a duvidar de que Deus realmente pode cuidar do futuro.

Eu imagino que o pai do menino com um espírito imundo não tinha uma visão otimista quanto ao futuro de seu filho. O evangelho de Marcos registra que o garoto tinha um espírito dentro dele que o deixou mudo, o lançava ao chão e fazia sua boca espumar (Mc 9.17-18). O pai levou o menino para os discípulos de Jesus, os quais foram incapazes de curá-lo, então, ele se voltou a Jesus, o qual, imediatamente, repreendeu a todos dizendo: "Ó geração incrédula, até quando estarei convosco?" (Mc 9.19). As pessoas tinham o mesmo problema que nós temos – a desconfiança. No entanto, mesmo com dúvida, o pai continuou a suplicar a Jesus para curar o seu filho. O pai disse: "Eu creio! Ajuda-me na minha falta de fé!" (Mc 9.24). Ele não sabia o que o futuro reservava para o seu filho, mas sabia o bastante para saber que Jesus tinha poder para salvá-lo. Ele não chegou a Jesus cheio de fé – ele tinha uma fé pequena. Esse fato deve nos encorajar enquanto lutamos contra as nossas dúvidas e medos com relação ao futuro. Até mesmo uma pequena fé pode nos proteger de preocupações e ansiedades desnecessárias geradas pelo medo. Embora duvidemos de que Deus possa lidar com tudo, ele pode, e nós entenderemos o porquê e o como no capítulo 8.

Por enquanto, saiba que Deus quer nos lembrar de que ele cuidará de todas as nossas necessidades. Nós não temos que ter medo do futuro. "Não se vendem dois pardais por um asse? E nenhum deles cairá em terra sem o consentimento de vosso Pai (Mt 10.29). A única coisa que remediará o nosso coração temeroso, controlador, ávido e ansioso é compreender, conhecer e descobrir mais dele. Nós precisamos saber que ele é bom, que está no controle e que é atento ao homem. Ao mesmo tempo, nós clamamos ao Senhor: "Eu creio! Ajuda-me na minha falta de fé!".

Capítulo 3 — Medo de outras mulheres

Um obstáculo para o amável ministério de Tito 2 e à comunidade na qual Deus pretendia formar a igreja é a comparação pecaminosa. Culpe a rede social. Culpe as revistas. O que você quiser culpar é real e repulsivo. *O que ela tem é melhor. Por que eu não posso ter isso? Eu só queria...* Você sabe do que eu estou falando. Trata-se daquele desejo atormentador por algo que outra pessoa tem que é enraizado na cobiça. Ele se transforma no medo das mulheres que parecem melhores, mais importantes ou que tenham quaisquer outras qualidades. Ou, pior, esse sentimento nos leva a difamar, fazer fofoca ou falar com desprezo a respeito delas sem que saibam. Nós precisamos nos despir da cobiça e nos revestir de alegria, amor e contentamento.

Uma das minhas escritoras favoritas, Elyse Fitzpatrick, escreveu um livro chamado *Mulheres ajudando Mulheres*.[1] Deixe-me dizer

---

1 Consulte Elyse Fitzpatrick, *Mulheres ajudando Mulheres: Um guia bíblico para os principais problemas enfrentado pelas mulheres*. (CPAD, 2001).

de imediato que nunca li esse livro (Eu já li muitos outros livros dela), mas eu pude conhecer a Elyse. Ela é, provavelmente, uma das mulheres mais honestas que já conheci. Elyse é franca, verdadeira e divertida. E, francamente, este capítulo não tem nada a ver com ela. No entanto, o título de seu livro apenas me fez pensar a respeito do problema que percebo com frequência em nossas igrejas e entre os nossos círculos de irmãs. Mulheres, parece que não estamos ajudando umas às outras. Na realidade, parece que estamos ficando boas em odiar umas às outras. Sei que isso soa forte, mas quando olho a Internet, é isso o que eu leio.

Descobri que somos severas umas com as outras. Existe um fenômeno que, de fato, nós denominamos de *"Mommy Wars"* [Guerra das mães]. Nós discutimos sobre como alimentar e educar os nossos filhos. É alimento orgânico, natural ou enlatado? Nós damos à luz no hospital ou em casa – e mais do que isso, você chega a não ser uma mulher de verdade se não tiver passado pela experiência do parto normal! Sem mencionar a discussão sobre o ensino domiciliar ou em escola tradicional. É possível perder amigas escolhendo a maneira "errada".

É comum se falar a respeito da maneira como os homens têm oprimido a nós, mulheres, e, ainda assim, me pergunto: eles são realmente o problema? Eu simplesmente discordo. Os homens não estão liderando essa guerra. E, mesmo que você não esteja totalmente engajada nela, é provável que saiba do que estou falando. Aqui estão alguns outros pontos: as mulheres que trabalham são acusadas de ser feministas independentes; aquelas que ficam em casa estão desperdiçando os seus dons; as que fazem ambas as atividades estão ignorando seus filhos; as mulheres devem amamentar, os bebês devem dormir com os pais; as garotas devem ir para a faculdade, as garotas devem pensar exclusivamente sobre o casamento, e por aí vai. Mulheres que estão alegres com o Senhor – criticadas por suas irmãs? Isso exaustivo.

Com certeza, sabemos que somos as causadoras da dor, não é mesmo? Temos consciência disso, certo?

Recentemente, eu estava conversando com algumas amigas a respeito de ideias para um blog. Uma delas disse: "Eu quero começar um blog chamado 'Sou uma mãe fracassada'". Todas rimos e, então, começamos a conversar sobre como nossas vidas verdadeiras são diferentes quando comparadas às do Facebook. Contamos piadas sobre acordar mais tarde do que gostaríamos, postamos fotografias no Instagram de nossas salas bagunçadas, dando cereais açucarados de café da manhã para os nossos filhos e deixando-os por conta da televisão e do *iPad*.

Você já se sentiu como uma mãe fracassada? Em caso afirmativo, você está bem acompanhada. Todas nós sentimo-nos fracassadas de vez em quando. Saber disso nos permitirá não nos humilharmos como forma de autopiedade, mas, ao contrário, nos permitirá identificarmo-nos umas com as outras. No momento em que percebemos que estamos juntas nessa situação, poderemos nos amar ao invés de competir ou ter inveja. De verdade. Nenhuma de nós consegue ser perfeita. Essa é uma boa notícia, amigas.

Agora, realmente, há dias quando eu acordo às 5h da manhã e faço diversas coisas, as crianças são obedientes, consigo ler a minha Bíblia e me exercitar. No entanto, como a vida é agitada, as crianças são imprevisíveis, a enfermidade chega, os carros quebram, os hormônios fervem e as agendas coincidem, às vezes, parece que um tornado passou pela minha vida – e minha casa reflete isso. Não estou dizendo que não existe paz e graça em meio ao caos; digo apenas que a vida nem sempre parece tão perfeita como nós a retratamos (ou desejamos).

Nós não temos que sucumbir às pressões para sermos perfeitas como as mulheres das revistas – você sabe, como os estilos de casa da *Casa e Jardim*, a montagem da mesa de jantar feita pela Rita Lobo e as refeições da *Casa e Comida*. A perfeição da revista é uma ilusão. Toda publicação emprega artistas talentosos cuja única obrigação é manipular as imagens a fim de apresentar algo que não é muito real. Eu participei de comerciais, e não é real. (Uma vez, participei de um comercial para a linha de ônibus *Knoxville* – sim, a companhia de ônibus – e eu era a cobradora. Risos.) Apenas como exemplo, a comida (apesar de parecer maravilhosa) é falsa. E, se for real, deve haver alguns "passos" para deixá-la tão perfeita. O programa *Photoshop* pode fazer qualquer coisa parecer fabulosa.

Não há nada de errado na busca para que todas as coisas sejam diligentes, organizadas e produtivas. O Senhor aprova o trabalhador esforçado. O texto de Provérbios 18.9 adverte que "quem é negligente na sua obra já é irmão do desperdiçador". Quando acordo pela manhã, não estou pensando: *eu quero que hoje seja um dia caótico*. A vida, simplesmente, transcorre dessa maneira vez ou outra. Nós temos que ter como objetivo o glorificar ao Senhor em tudo o que fazemos e descansar no Salvador, que não nos pressiona quanto à perfeição.

Senhoras, aqui está uma boa notícia: você não é uma fracassada. Você é feita à imagem de Deus (Gn 1.26), é formada de modo assombrosamente maravilhoso (Sl 139.14), e o Senhor se deleita em você com alegria (Sf 3.17). Ele não olha para você e decide se irá aceitá-la ou não com base em suas ações. Ele olha para a filha dele. Quão libertador é isso?

Essas verdades relacionadas ao deleite do Senhor não são muito melhores de se refletir do que as propagandas da *Casa e Jardim* ou a última receita ou projeto no *Pinterest*, ou o que você vê a sua irmã fazendo ou não nas redes sociais? Da próxima vez que eu olhar para a minha sala bagunçada, que eu pretendia limpar, mas, em vez disso, cuidei das necessidades imediatas dos meus filhos, pensarei no deleite de Deus em mim. E, ao buscar a ele e ao seu reino, ele me dará tudo aquilo de que necessito (Mt 6.33; 13.44).

Tendo inveja da sua irmã

Agora, caberia a mim dizer que algumas mulheres realmente parecem ser capazes de fazer muito malabarismo e, ainda assim, viver com alegria. Infelizmente, tenho visto essas mulheres serem rotuladas de "mulheres perfeitas". O termo *mulher perfeita* se refere à mulher dócil que cozinha, limpa, arruma a casa, obedece ao seu marido e se veste bem. Ela reúne todas as qualidades. Porém, ela não tem personalidade.

Infelizmente, essa caricatura pode ser atribuída a qualquer mulher que aparenta ser perfeita. Nós reclamamos da mulher que faz uma comida boa ou fala bem de seus filhos. Com certeza, ela está usando uma máscara, presumimos. Em nosso medo de sermos julgadas como preguiçosas ou de recebermos a desaprovação do Senhor, uma maneira que encontramos para nos sentir melhores a respeito de nós mesmas é caçoando de outras mulheres. Contudo, alguma vez nós paramos para considerar que algumas mulheres em especial receberam de Deus o dom de serem donas de casa alegres e agradecidas?

Todas nós recebemos o mesmo Espírito, mas diferentes dons. Paulo nos ensina sobre essa variedade de dons em 1 Coríntios 12. Isso é algo importante para você e eu lembrarmos quando entrarmos na casa limpa e organizada de uma amiga, ou saborearmos a deliciosa refeição feita por ela e desfrutarmos de seu espírito alegre, ou quando virmos um post nas redes sociais de outra amiga com cabelo perfeito e filhos sorridentes, usando roupas que combinam. Deus fez todas nós à sua imagem, mas nós somos únicas. Ele nos dá variados dons para servirmos em benefício de outros.

No entanto, somos tentadas a julgar (Mt 7.1-5), então supomos que essas mulheres devam ser hipócritas; ou ficamos com inveja e fazemos comparações (nós não temos, então cobiçamos; Ex 20.17). Caso essa seja a sua tentação, saiba que você não está sozinha. Na verdade, a Palavra de Deus diz que a tentação é comum ao homem (1 Co 10.13). Porém, você não deve se entregar à tentação. E se, em vez disso, você se alegrasse? Talvez, se você vir mulheres que se sobressaiam em áreas que você não se destaca, tal situação possa ser considerada como uma oportunidade de agradecer a Deus pelo seu design criativo.

Toda a boa dádiva

É difícil se alegrar quando se está sofrendo. Eu sei. Porém, se Deus nos chama para nos "alegrarmos com os que se alegram" (Rm 12.15), ele nos dará a graça para fazermos isso. Durante os momentos difíceis de comparação e julgamento, os quais estão, potencialmente, enraizados no medo, devemos correr para o trono da graça a fim de recebermos ajuda durante o nosso tempo de necessidade (Hb 4.16). Nós também podemos nos afastar da tentação. Podemos evitar o *Instagram* e o *Facebook* (você consegue fazer isso!), mas não podemos fugir sempre de nossos amigos alegres. Em outras palavras, nós precisamos pedir ajuda a Deus para mudar os nossos corações. Queremos olhar para a trave em nossos próprios olhos ao invés de focar no argueiro dos olhos de nossas irmãs. Eu creio que podemos, pelo poder do Espírito, nos alegrar com aqueles que se alegram. Podemos ficar alegres pelos outros e ver a boa obra de Deus.

Por fim, você e eu devemos fixar nossos olhos em Jesus. Ele é a *única* cura para as nossas tentações. Quando estiver olhando para a sua amiga e pensar: Por que não posso fazer o que ela está fazendo? Por que não tenho a capacidade dela?, você pode agradecer a Deus por ele nunca exigir que você tenha a capacidade dela. Você pode somente agir na força com a qual Deus a supriu. Ele é a fonte. Ele é quem dá toda a boa dádiva.

O Pai pode não ter dado dons a você da mesma forma como o fez com a sua vizinha ou com a mulher da internet que decora bolos elaborados toda a noite, ou com a mãe que tem crianças pequenas e a casa limpa (soa paradoxal, eu sei!). Lembre-se da fonte dos dons dela e dos seus. Isso fará com que você se alegre – não no dom, mas em quem o concede. Deus verdadeiramente nos fez iguais em valor e importância. Além disso, quanto à salvação, ninguém pode se gloriar (1 Co 1.26-31), porque toda a boa dádiva vem de Deus.

Combata o medo com encorajamento

Eu prefiro não trazer à tona o que eu considero um problema evidente sem pensar em algumas soluções. Agradeço a Deus por ele nos encorajar a despirmo-nos do pecado e a protegermo-nos contra a tentação, e por não nos deixar imaginando com o que temos de nos revestir (Cl 3.1-17), e isso, para mim, é encorajamento.

Sem o bondoso encorajamento dos meus amigos, da minha igreja, dos meus pastores, do meu marido e de meus colegas de trabalho, acho que teria desistido da maioria das coisas que faço. Existe um revigoramento e uma edificação da fé provenientes do encorajamento. E eu não estou falando sobre uma palavra transitória de uma amiga ("Você parece bem hoje"). Estou considerando um encorajamento específico, direto e detalhado, que é intencional e gracioso. O encorajamento aponta para as formas como Deus está agindo na vida de outros. Portanto, o encorajamento conduz os outros em direção ao Pai.

Nós analisamos o medo do homem no capítulo 1. Um sintoma desse medo é a bajulação. Podemos dizer às pessoas o que nós achamos que elas querem ouvir na esperança de conseguirmos alguma coisa delas. Isso não é encorajamento. Encorajamento não está relacionado a nós e, de fato, também não está relacionado à pessoa que o recebe. Trata-se, contudo, do Senhor e da graça de Deus que você vê na vida dela.

E, como em tudo, Cristo é o nosso supremo exemplo de encorajamento. Ele é o nosso exemplo de como amar aqueles que andam de maneira diferente. Ele é o nosso exemplo de como suportarmo-nos umas às outras. Paulo escreve:

> Ora, nós que somos fortes devemos suportar as debilidades dos fracos e não agradar-nos a nós mesmos. Portanto, cada um de nós agrade ao próximo no que é bom para edificação. Porque também Cristo não se agradou a si mesmo; antes, como está escrito: As injúrias dos que te ultrajavam caíram sobre mim. Pois tudo quanto, outrora, foi escrito para o nosso ensino foi escrito, a fim de que, pela paciência e pela consolação das Escrituras, tenhamos esperança. Ora, o Deus da paciência e da consolação vos conceda o mesmo sentir uns para com os outros, segundo Cristo Jesus, para que concordemente e a uma voz glorifiqueis ao Deus e Pai de nosso Senhor Jesus Cristo. Portanto, acolhei-vos uns aos outros, como também Cristo nos acolheu para a glória de Deus (Rm 15.1-7).

Eu amo como a versão de língua inglesa da Bíblia de Estudo *ESV* explica o versículo 7: "Portanto, em resumo, os fortes e os fracos são exortados a aceitar uns aos outros, pois eles foram aceitos por Cristo mesmo sendo pecadores. Tal aceitação mútua trará grande glória a Deus."[2] Os "fracos" aos quais Paulo está se referindo são aqueles que tinham a necessidade de "guardar a lei" (veja Rm 14). No entanto, para nós, mulheres dos dias modernos, acho que podemos incluir qualquer pessoa que pense diferente de nós. Há muito mais que pode e deve ser dito com relação a esses versículos; estou, na verdade, fazendo uma interpretação básica. Não quero desconsiderar o ponto principal – temer as outras mulheres pode levar à inveja, comparação e falta de encorajamento.

Irmãs de guerra

Eu nunca assisti ao seriado *Band of Brothers* (Irmãos de Guerra) do canal HBO de TV fechada. Eu sei que se trata da representação de homens lutando durante a Segunda Guerra Mundial. O título traz à mente um grupo de homens com o mesmo plano em mente – ganhar a guerra – juntando-se como uma frente unificada. Eles são apenas homens em guerra; são irmãos que estão juntos em uma jornada, unidos por sua missão.

Agora, imagine se tivéssemos essa mentalidade em relação às nossas irmãs em Cristo. Imagine se nos uníssemos em uma só voz, proclamando que Cristo é suficiente e, depois, proclamando o mesmo para as nossas irmãs – "Cristo é suficiente!" Ó! Quão poderoso isso seria! Quero que você saiba que Cristo é suficiente. Esses versículos e palavras conhecidos a respeito do deleite do Senhor em você não são para fazê-la sentir-se melhor. Eles são verdadeiros.

---

2 *ESV Study Bible*, ed. Wayne Grudem (Wheaton, IL: Crossway, 2008), note on Romans 15:7.

Portanto, vamos buscar maneiras de nos edificarmos mutuamente e nos estimularmos a amar umas às outras. Nós sabemos que a nossa carne e o nosso coração podem desfalecer, mas sabemos também que Deus é a nossa força e a nossa herança para sempre (Sl 73.26). Vamos utilizar essa força para conduzir as outras pessoas a ele, aquele que é capaz de fazer nossa irmã ficar em pé (Rm 14.4).

Nós podemos nos revestir de encorajamento por causa daquilo que está escrito em Tito 3.3-7:

> Pois nós também, outrora, éramos néscios, desobedientes, desgarrados, escravos de toda sorte de paixões e prazeres, vivendo em malícia e inveja, odiosos e odiando-nos uns aos outros. Quando, porém, se manifestou a benignidade de Deus, nosso Senhor, e o seu amor para com todos, não por obras de justiça praticadas por nós, mas segundo sua misericórdia, ele nos salvou mediante o lavar regenerador e renovador do Espírito Santo, que ele derramou sobre nós ricamente, por meio de Jesus Cristo, nosso Salvador, a fim de que, justificados por graça, nos tornemos seus herdeiros, segundo a esperança da vida eterna.

Éramos cheias de malícia, inveja e ódio, mas agora, por causa de Jesus, nós podemos evitar cair nesses pecados. A tentação permanecerá, mas devido à sua bondade e benignidade, Jesus apareceu e nos salvou – ele fez de nós novas criaturas. Porque somos novas criaturas, podemos lutar contra o pecado. Porque somos dele, nós desejamos lutar contra o pecado (do contrário, descobriríamos uma maneira de justificar nossas ideias e comportamento). Deus faz a obra de nos tornar novas criaturas, obra essa que inclui criar em nós um novo coração desejoso de amar e fazer o bem ao próximo. Nós podemos descansar, sabendo que ele providencia os meios para lutarmos e a graça para amarmos. Ele nos ajudará a nos alegrarmos com nossas irmãs e a encorajá-las.

CAPÍTULO 4 — MEDO DA TRAGÉDIA

O medo da tragédia é o meu maior temor, por isso este capítulo será profundamente pessoal. Trata-se do meu maior temor porque é algo que conheço e entendo. Eu vivenciei a tragédia, e mesmo o Senhor continuando a me ensinar, ainda luto contra a tentação de sentir medo. Eu passei por quatro abortos espontâneos e, a cada gestação, eu me deparava com novos e surpreendentes medos. Meu pai faleceu ainda novo, quando tinha 52 anos de idade, deixando quatro filhas e uma esposa com o coração partido. Minha irmã mais velha morreu subitamente de insuficiência cardíaca congestiva aos 40 anos. Todas foram tragédias devastadoras. Nossa história pessoal impacta, de maneira muito forte, aquilo que tememos e a forma como temos medo. No entanto, mesmo se nós nunca tivermos passado por alguma tragédia, todo mundo, de uma forma ou de outra, pode lutar contra o medo da tragédia, quer envolva ou não perda (morte, bens, dinheiro) ou outra coisa.

Muito do meu medo do futuro é, de fato, um temor da *possível* tragédia. Isso se torna algo automático para mim. O meu marido não atende à minha ligação quando está voltando do serviço e, no momento em que ele chega em casa, eu planejei o seu funeral e tudo, só não pensei em como cuidarei de duas crianças pequenas sozinha. A ideia de engravidar outra vez, embora seja bem-vinda, no fundo, sempre me leva a perguntar: *esse bebezinho sobreviverá em meu ventre?* E, caso eu fique doente por um período mais longo, luto contra os pensamentos relacionados aos meus filhos ficarem sem mãe. Isso é medo. Medo pecaminoso. É pecaminoso porque se trata de falta de fé e confiança em Deus. Na essência, como eu mencionei, é uma forma de incredulidade. Meu coração quer o controle, porque, para ser honesta, não gostaria de passar pela experiência da dor de novo. Quero ser como os cristãos que pedem provações a Deus a fim de fortalecerem a sua fé, porém a minha fé se esvaece nessa área do pedir. Esse tipo de incredulidade, não acreditar que Deus é bom em tudo o que ele faz, me cega quando sou tentada a ter medo da tragédia.

Você, alguma vez, já sentiu esse medo intenso – um medo que é quase paralisante? Eu não conheço uma pessoa que não estivesse aterrorizada quando as Torres Gêmeas foram atingidas e despencaram em uma pilha de entulhos e cinzas naquele fatídico dia que nós hoje chamamos de 11 de setembro. O resultado daquele dia levou muitos a terem medo de andar de avião. Alguns deixaram de andar de avião completamente e pegaram a estrada, o que, infelizmente, não colabora para as suas chances de sobrevivência segundo as estatísticas.[1] Está

---

1 Sharon Begley, "Afraid to Fly after 9/11, Some Took a Bigger Risk— In Cars," March 23, 2014, *Wall Street Journal*, http://online.wsj.com/news/articles/SB107999266401462105.

estaticamente provado que andar de automóvel é muito mais perigoso do que andar de avião. Mesmo assim, nós temos medo de voar, e as tragédias, como a de 11 de setembro, não ajudam a amenizar tal sentimento. Felizmente, nós temos a Palavra de Deus que nos ajuda quando estamos confusas e amedrontadas pelo mundo.

A história de Rute

Quando nós estamos no meio de uma provação, é fácil não conseguirmos enxergar com clareza. Focamos em solucionar o problema ou em lidar com o trauma ao invés de focarmos no bem futuro que poderia resultar da provação, como, por exemplo, quando entramos em um hospital. Em momentos como esses, compreensivelmente, focamos no quando/ onde/ como daquele momento em particular. O futuro, que nós não podemos ver, envolve a enfermeira com quem pudemos compartilhar o evangelho enquanto esperávamos e nos recuperávamos. Nossa visão míope não nos permitirá enxergar a graça futura, e nós nunca conseguimos, realmente, saber o que esperar – exceto esperar no fato de que Deus é bom. Esse é apenas um exemplo do que pode acontecer.

Quando tememos a tragédia que nem aconteceu, diferente dos abortos que sofri, nós nos submetemos a um estresse desnecessário. Essa é a razão porque o nosso Senhor nos diz para não nos preocuparmos com o amanhã, pois, basta a cada dia o seu próprio mal (Mt 6.34). E é verdade. Cada dia, com frequência, vem com sua variedade de provações, porém, quando nós nos preocupamos com aquilo que ainda não aconteceu, criamos mais problemas para nós mesmas. Por isso existe certo conforto em ouvir as histórias de outras pessoas. As histórias delas podem ajudar a trazer conforto. Além disso, de vez em quando, é bom sermos lembradas de que nós não estamos sozinhas. Nós não estamos sozinhas em nossa luta contra o pecado e a tentação. Talvez, essa seja a razão por que a Palavra de Deus inclui tantos versículos que tratam sobre a maneira como devemos nos relacionar umas com as outras. Precisamos umas das outras, especialmente em tempos de provação, mesmo que seja apenas para ouvir a respeito da fidelidade de Deus. Nós não conseguimos enxergar o fim de nossa própria provação no começo dela – a graça futura que, inevitavelmente, resultará dessa provação. No entanto, quando temos a chance de nos sentarmos com uma amiga e de ouvirmos sobre como o Senhor foi fiel durante a provação dela, nossa fé é edificada.

Essa é a maneira como me sinto quando leio o livro de Rute. No começo, todas as coisas parecem desanimadoras e impossíveis para Rute e sua família. Há fome em sua cidade natal, Belém, por isso, eles saem de lá e seguem em direção a Moabe. Enquanto estão lá, o marido da sogra de Rute, Noemi, morre, deixando-a viúva e com os seus dois filhos, os quais morrem dez anos após seu pai. Noemi, agora, está sem o seu marido e sem os seus dois filhos. Talvez, você não consiga se identificar com esse cenário específico. Não são muitas pessoas que passam por tamanha provação, mas a minha avó passou. O marido dela faleceu, e os seus dois filhos, os quais estavam na faixa dos 50 anos, morreram poucos anos depois. A minha avó, hoje com mais de 80 anos, passou por uma provação praticamente idêntica à de Noemi: ficou viúva e com suas duas noras.

Às vezes, podemos nos distanciar dessas histórias bíblicas. Elas parecem extremas – uma senhora idosa como Sara tendo um bebê, um homem como Jó perdendo todos os seus bens e toda a sua família, gerações sendo exterminadas, etc. Essas coisas, de fato, também podem ocorrer agora, como na vida da minha avó. Não existe realmente nada novo debaixo do sol. Como podemos nos beneficiar com esse conhecimento quando somos afrontadas pelo medo?

Noemi presumiu que ficaria sozinha. Eu imagino que ela tenha lutado contra o medo, como aconteceria com muitas mulheres. O que ela faria sozinha? Para onde ela iria? Ela incentivou suas noras a deixarem-na e a retornarem para a casa de suas mães (Rt 1.8). Uma delas obedeceu ao pedido dela, mas Rute se apegou a ela e se recusou a deixá-la (Rt 1.14). Nós sabemos que o fim daquilo que parecia ser uma série de acontecimentos desesperadores e trágicos tinha um grande propósito. O Senhor tinha um plano para redimir a situação e, por fim, o mundo inteiro. Rute encontrou e casou-se com Boaz e teve um filho chamado Obede. Obede é o avô do rei Davi, e nós começamos a ver a descendência de nosso Salvador Jesus (Rt 4.13-22).

Noemi e Rute não enxergaram o fim antes do começo. Deus foi fiel e bom para com as mulheres. Ele cumpriu o seu grande propósito para a vida delas. Não há garantia de que nós não passaremos por provação semelhante (lembre-se de minha avó), porém podemos descansar, sabendo que, se e quando a tragédia nos acometer, não precisamos temer. Nós estamos nas mãos de um Deus poderoso e capaz de fazer muito mais do que sequer conseguimos imaginar ou sonhar. Deus é por nós e não contra nós (Rm 8.31), e nós trataremos a respeito da bondade do Pai em sua soberania nos capítulos a seguir. O ponto é que o nosso medo da tragédia pode estar enraizado no medo de sofrer e de não ter o controle. A boa notícia é que temos um Deus que está no controle e sabe o que é melhor para nós. Ele promete algo bom – não a ausência de provação, mas algo bom no final. Nós não precisamos nem devemos nos preocupar em temer acontecimentos trágicos futuros. O que a história de Rute nos ajuda a lembrar é que, se nós caírmos na tentação de sentir medo, Deus é bom.

Mais adiante, nós exploraremos como responder quando as coisas ruins acontecerem, porque elas acontecem. Podemos ter certeza de que perderemos alguém que amamos demais – talvez, esse seja o seu medo. Contudo, não temos de caminhar, olhando por sobre os nossos ombros, esperando o Senhor enviar o terror. Esse não é o caráter de nosso Deus e ele não quer que vivamos dessa maneira. Nós podemos, em vez disso, nos unir a Davi e proclamar: "Os meus olhos se elevam continuamente ao Senhor, pois ele me tirará os pés do laço" (Sl 25.15). Podemos ter a confiança de que Deus é por nós e está conosco. Essa é a lição que eu estou aprendendo.

Eu percebo que a minha tentação, como pode ser a de muitas de vocês, é tentar segurar o que é mais precioso. O meu marido e os meus filhos são muitíssimo preciosos para mim e, portanto, eu temo perdê-los. Isso faz sentido. O que preciso estar ciente, apesar de tudo, é que isso poderia ser um sinal de idolatria em minha vida. Talvez, meu medo de perdê-los, o que leva a uma ansiedade pecaminosa e desnecessária, seja porque eu os quero demais. Eles são meus pequenos deuses. A idolatria é algo a se considerar quando você e eu lutamos contra o medo.

Confiar no Senhor quanto ao meu futuro e ao futuro do meu marido e dos meus filhos é um dos exercícios mais difíceis da minha fé. Ninguém deseja que sua família passe pela dor. O Senhor está me ensinando a lembrar-me das histórias referentes à sua fidelidade na vida de outras pessoas, como Rute, bem como na minha própria vida. E, como veremos nos últimos capítulos, luto contra o medo ao lembrar-me da sabedoria e do caráter de Deus. Deus é bom, gracioso e amoroso, bem como soberano. Eu *posso* confiar nele. Os meus medos cessam quando eu me lembro disso e me lanço em direção aos seus braços poderosos.

As viagens a trabalho do meu marido se tornaram mais fáceis (não fáceis). A mudança mais notável tem sido um sentimento de paz ao invés da ansiedade quando ele sai. Quando ele passa pela porta, meu rosto não parece mais nem um pouco aterrorizado. Eu consigo deixá-lo partir pela fé, dou um beijo em seus doces lábios e um sorriso genuíno. O mesmo acontece com meus filhos. O futuro deles é visto como deve ser – completamente desconhecido, mas nas mãos do meu Pai.

Medo legítimo

Até este ponto, estamos levando em consideração nossas tendências pecaminosas de temer a tragédia. Nós queremos nos resguardar desses temores sempre que possível e da melhor maneira. Eles simplesmente não nos fazem bem. Viver sem ser dominada e governada pelo medo é o ideal; entretanto, nós vivemos em um mundo mau e caído. Não queremos andar temendo todas as pessoas ao nosso redor e desconfiando delas. No entanto, existem vezes quando o medo é admissível e pode até ser um meio de proteção. Nem todo o medo está fundamentado no pecado. Há vezes em que devemos tomar grande precaução e estar cientes daquilo que nos cerca. Contudo, há vezes também quando a inocência e a confiança inabalável atrapalham um melhor julgamento. Eu tive a infeliz experiência de aprender, da maneira difícil, o estar ciente daquilo que me cerca, mesmo quando parecia não haver qualquer perigo envolvido.

Eu fui abusada sexualmente na faculdade. Não fui estuprada, mas fui abusada por um estranho. Eu estava com um grupo de amigas em uma viagem. Nós éramos conservadores, e muitos eram cristãos. Todos nós dormimos em um quarto de hotel juntos (homens e mulheres), porém as mulheres ficaram com as camas e o homens no chão. Um homem mais velho que estava na viagem, mas se hospedava em outro quarto, veio nos visitar. Nós achamos que não haveria problema (éramos ingênuos e jovens). Para resumir, não estava tudo bem. Durante a noite, ele fez algo inapropriado em mim que me assustou e me acordou. Felizmente, eu estava em um quarto com muitas pessoas. Elas acordaram e o confrontaram imediatamente. Ele foi expulso da faculdade e preso. Durante a audiência no tribunal, soube que ele tinha uma esposa e havia molestado os seus filhos. Simplesmente horrível.

Antes desse incidente, eu jamais pensei a respeito da necessidade de ser precavida. Não achei que eu precisasse ter um medo saudável. A precaução, em determinadas situações, é sábia e boa, mas eu não achei que ela fosse necessária nesse caso. E, deixe-me ser clara – esse acontecimento não foi *minha* culpa. Eu, definitivamente, não me sinto culpada a respeito dessa situação. Ninguém que, alguma vez, foi vítima de uma situação como essa deve sentir culpa. Eu, entretanto, gostaria de ter tido um medo saudável naquela hora – uma precaução saudável. Talvez, se eu tivesse tido um discernimento maior, teria voltado para o meu quarto em vez de passar a noite em um quarto cheio de "bons" garotos. A tentação poderia transpassar as quatro paredes. Apesar de eu não ter tido culpa, eu fui ingênua, e existe uma diferença. A verdade é que é difícil escrever sobre abuso sexual. Em primeiro lugar, existe a possibilidade de se tornar a eterna vítima. Depois, há a vergonha real de ser violentada por outro ser humano. No entanto, acontece com frequência e é importante falar sobre o assunto. Minha situação aparentemente inocente logo se tornou criminosa e dolorosa.

Eu era jovem (tinha dezoito anos), imatura e me vi em um tribunal, ajudando a condenar um criminoso sexual. A consequência para mim não foi nada comparada ao que eu imaginava ter sido para a família dele. Eu lutei contra o medo à noite e não confiei nos homens por, possivelmente, um ano inteiro. Deus fez uma obra graciosa em meu coração para eu perdoar o criminoso, orar pela família dele e começar a confiar em Deus em relação à minha segurança e proteção.

Então, se Deus teve que me ajudar a aprender a confiar nele outra vez, por que essa história está com o subtítulo de "Medo legítimo"? Não é legítimo permitir que o medo a torne uma prisioneira e controle os seus pensamentos sobre o caráter de Deus. É legítimo pensar sobre as situações e, como consequência, agir com cautela.

Eu não tenho dúvida de que uma vítima de abuso sexual provavelmente esteja lendo essas palavras neste exato momento. Existe alguém, alguma irmã ou irmão em Cristo, que, como eu, pode estar lutando contra o medo ou a ansiedade. E muitos estão lutando sozinhos. Ninguém sabe.

Se você é uma vítima, o sangue de Cristo leva embora toda a vergonha. As vítimas de abuso que talvez sintam uma sensação de sujeira podem experimentar o poder real de saber que elas estão alvas como a neve perante o Senhor (Is 1.18). Nós adoramos o Deus que se aproxima do sofredor e abraça o desesperado. Não existe notícia melhor para um irmão ou uma irmã que sofre do que a boa-nova de que Jesus Cristo andou por esta terra com perfeição; foi pendurado em uma cruz, levando sobre si todo o peso da vergonha, do pecado e da ira, e venceu a morte, ressuscitando da sepultura. Jesus está agora – neste exato momento – sentado no trono à destra do Pai. Ele está intercedendo por você e por mim (Rm 8.34). Eu simplesmente não consigo seguir adiante sem compartilhar as boas-novas com aqueles de vocês que podem se identificar com aquilo que eu escrevi nesta seção. É a melhor notícia que você ouvirá.

Apesar de o medo saudável parecer mais plausível nesse tipo de situação, existem, definitivamente, outros momentos em que o medo é legítimo. Pense em Jesus a caminho de sua crucificação. Ele sabia que estava prestes a morrer como um criminoso e a sofrer o pior castigo possível da separação de seu Pai e da ira em favor de pecadores indignos. Enquanto orava no Monte das Oliveiras, Jesus suplicou ao Pai para encontrar outro caminho e, em agonia, começou a suar gotas como de sangue (Lc 22.42-44).[2] Justin Taylor and Andreas J. Köstenberger compartilham sobre esse relato em seu livro *The Final Days of Jesus* [Os Últimos Dias de Jesus]:

> Já é tarde da noite agora. Ao entrar no jardim, Jesus instrui os seus discípulos a se sentarem em determinado local enquanto ele segue mais adiante com os seus discípulos mais chegados: Pedro, Tiago e João. O momento de discussão e instrução já acabou, e Jesus está cheio de tristeza e pesar na expectativa dos acontecimentos futuros. Ele compartilha a sua angústia com seus amigos humanos mais próximos: "A minha alma está profundamente triste, até à morte; ficai aqui e vigiai comigo" (Mt 26.38). A divindade de Jesus não ofusca a sua humanidade (veja Jo 11.35), e ele sentiu, intensamente, sua necessidade de apoio e companhia humanos durante suas últimas horas – não é sinal de fraqueza querer companhia e apoio diante da má face da morte. Afastando-se um pouco mais (um "tiro de pedra" de acordo com Lc 22.41), Jesus se engaja em uma fervorosa oração pessoal, clamando ao Pai e lhe implorando para encontrar uma outra forma – caso pudesse existir – mas, em última análise, submetendo-se à

---

[2] "Não obstante o que a palavra 'como' possa indicar, aqui ela deve ser compreendida metaforicamente; existem tanto registros antigos quanto modernos sobre as pessoas suando sangue – condição conhecida como hematidrose, em que a angústia extrema ou o esforço físico faz os vasos capilares de uma pessoa dilatarem e estourarem, misturando o suor e o sangue". *ESV Study Bible*, ed. Wayne Grudem (Wheaton, IL: Crossway, 2008), note on Luke 22:44.

vontade de Deus: "Aba, Pai, tudo te é possível; passa de mim este cálice; contudo, não seja o que eu quero, e sim o que tu queres" (Mc 14.36). Jesus sabe que está prestes a levar sobre si o julgamento de Deus pelo pecado como sacrifício substitutivo pelos pecados do mundo. "Cálice" era uma metáfora comum para a justa ira de Deus derramada sobre pecadores. Jesus está prestes a beber desse "cálice" no lugar de outras pessoas; ele é o único que poderia fazer isso.[3]

Jesus não estava comemorando nem pulando de alegria quando enfrentou o momento mais obscuro de sua curta vida. Ele estava verdadeiramente triste. Ele sabia que estava próximo de sofrer algo terrível. Sim, valeu a pena, e ele sabia que logo estaria com o seu Pai, porém, durante aqueles momentos no jardim, nós temos uma pequena demonstração da humanidade de Cristo. Ele estava emocionalmente esgotado; estava em agonia. Jesus não pecou durante a sua dor e sofrimento – a realidade de suportar o sofrimento produziu uma emoção natural.

Existem momentos em que podemos experimentar emoção semelhante. Não, isso não se compara ao que Jesus deve ter passado, porque para nós que confiamos em Jesus para a nossa salvação, sabemos que na morte não experimentaremos a ira. No entanto, o aguilhão da morte é real. Eu imagino que o momento que antecede uma queda de avião ou o saber que você está prestes a colidir com

---

[3] Andreas J. Köstenberger e Justin Taylor, *The Final Days of Jesus: The Most Important Week of the Most Important Person Who Ever Lived* (Wheaton, IL: Crossway, 2014), 93.

outro carro em um acidente produza uma angústia semelhante. Sabendo da graça futura que nós sentiremos, talvez não tenhamos o medo pecaminoso da morte, mas isso não afasta a emoção imediata suscitada ao se deparar com ela.

Dito isso, há momentos quando sentiremos a necessidade de por em prática um medo saudável. Nós queremos estar cientes daquilo que nos rodeia e ser cautelosas. Queremos confiar no Senhor, mas confiar em Deus não significa insensatez ou imprudência. Portanto, dizer para a sua filha não falar com estranhos não é incutir o medo dos homens; trata-se de ensinar a precaução e a sabedoria adequadas. Pedir para um amigo seu de confiança acompanhá-la até o carro à noite não é ser tola, é ser esperta. Eu luto, assim como muitas outras mulheres o fazem, pela fé e confiança em Deus, que é o meu Pai. Ele é o único que conhece o princípio e o fim. Ele é o único Alfa e Ômega. Eu posso confiar nele.

"No tocante a mim, confio na tua graça; regozije-se o meu coração na tua salvação. Cantarei ao SENHOR, porquanto me tem feito muito bem" (Sl 13.5-6).

CAPÍTULO 5

MEDO DE NÃO ATENDER ÀS EXPECTATIVAS

Eu dei um pulo como alguém que foi picado por uma abelha. Pulei da cama, desorientada e confusa devido à falta de sono na noite anterior. As crianças fazem isso. Elas têm uma maneira de sugar as horas da noite que são designadas para o cochilo. Eu estava atrasada. Tinha de vestir meu filho e levá-lo para a escola, preparar o lanche e me preparar para uma reunião via Skype, (Por que as pessoas sentem necessidade de se encontrar "pessoalmente"? As reuniões por vídeo com uma criança presente, na melhor das hipóteses, são engraçadas e, na pior, são um completo desastre. Mas eu desviei do assunto principal.) Eu tinha uma hora para concluir as tarefas. Eu rolei para fora da cama, chacoalhei meu filho para se levantar e se arrumar, torci para que tivéssemos uns biscoitos, porque assim ele os comeria de café da manhã, e juntei o "almoço" (talvez, umas bolachas de água e sal, um pedaço de queijo e uma laranja), peguei a irmãzinha dele e passei correndo pela porta. Nós conseguimos! Todos estávamos vivos. No entanto, alguma coisa em meu espírito simplesmente não estava bem. Eu me sentia como uma fracassada.

Não é como se eu tivesse programado para acordar atrasada. Eu não estava dando uma de preguiçosa ou desocupada. O que aconteceria se eu tivesse levantado com tempo o suficiente para ler a Palavra e orar, acordar meu filho com tranquilidade, e não nessa doideira, preparar um almoço que incluísse todas os grupos alimentares básicos, me arrumar, fazer o café da manhã que não viesse em uma embalagem de alumínio e voltar para casa a tempo de uma reunião tranquila? Eu teria me sentido melhor comigo mesma? Pode apostar que sim! Eu sei que sentiria que tinha alcançado o meu propósito. Sei que acharia que havia tido uma manhã calma e boa. Eu, provavelmente, também atribuiria cada pequeno momento a *mim*.

No entanto, aquela manhã foi diferente. Eu acordei e percebi que a minha capa vermelha não estava lá. *Quem a roubou?* Eu pensei. *Espere, alguém pegou a minha força para realizar todas as coisas em um único dia também!* É uma vergonha, mas eu não sou a Supermulher. E você também não é. Nós sabemos disso. Sabemos que somos limitadas. Nós sabemos que apenas podemos fazer algumas coisas por dia, e ainda assim, nós nos esforçamos e nos pressionamos para fazer mais. Por quê? Eu acho que temos medo de não atendermos às expectativas. Existem tantas regras que nós tentamos seguir. Elas incluem atender ao seu próprio padrão, padrões invisíveis, aos padrões do mundo, aos padrões em potencial da igreja, aos padrões do marido, aos padrões das crianças – a lista poderia se estender mais.

Neste capítulo, vou me aprofundar em algumas maneiras pelas quais podemos sentir medo de estar fracassando miseravelmente ou apenas não atendendo às expectativas. Não é uma lista extensa, mas inclui algumas maneiras mais conhecidas que tenho ouvido de outras mulheres ou que eu mesma tenha experimentado. E conseguir realizar as tarefas não é a única pressão colocada sobre a mulher, mas é o primeiro ponto que eu abordarei.

Realizando as tarefas

Eu imagino que você, provavelmente, tenha se identificado com a minha história sobre a manhã corrida. Não sei o que acontece com a nossa agenda, mas como nossos compromissos ficam fora de controle tão rapidamente? Somos governadas pelo calendário do Google, despertadores, organizadores de eventos, listas de tarefas. É um ciclo infinito de correr de um lugar para o outro, uma reunião com fulano de tal, e por aí vai. E se você não se identifica com as reuniões e prazos, talvez a sua lista inclua trocar fraldas, limpar o chão, buscar na escola, levar para o balé e ainda estar presente em outro jogo de beisebol . A lista poderia ir muito além. Todas essas tarefas são boas. Nada a respeito das atividades e, definitivamente, nenhuma pessoa que eu listei são ruins. Na realidade, são presentes de Deus. As crianças são presentes do Senhor. O trabalho é um presente do Senhor. A igreja e a comunhão são presentes do Senhor. No entanto, quando deixamos essas coisas nos governar e, então, respondemos de modo pecaminoso com ansiedade, culpa, medo ou reclamação, precisamos avaliar de onde vem a fonte do pecado e, provavelmente, dar uma boa e séria olhada em nossa agenda.

Nós sabemos que existem somente 24 horas divididas em um dia para trabalhar, dormir, comer e se divertir. E para as mães, dentro dessas horas repartidas, nós também temos que encontrar tempo para ensinar, repreender, brincar e cuidar dos filhos. Deus é o único que não é limitado pelo tempo. Ele é eterno e autoexistente, não necessita de descanso nem de alimento. Em contrapartida, nós somos limitadas. Podemos ficar doentes, completamente sem energia e cansadas com bastante facilidade.

Por isso, em vez aceitarmos nossa fraqueza e sabiamente descansarmos ou dizermos não, nós tentamos preencher um único dia com o máximo de coisas possível. Talvez, você esteja ciente de suas limitações, mas carrega a culpa sobre os seus ombros. Você pode se sentir culpada porque não consegue encontrar a energia para correr pela casa com suas crianças animadas e ativas. Pode se sentir culpada, porque os seus filhos precisaram assistir a outro desenho animado para que você conseguisse acabar um projeto. Pode se sentir culpada por ter que dizer não para um trabalho que realmente deseja fazer. Há inúmeras pressões que você enfrenta e, além da ansiedade, algo que não é muito falado é a tentação de se sentir culpada quando se teme não conseguir realizar tudo. Mais adiante, compartilharei por que você não tem mais que sucumbir à culpa quando não conseguir dar conta de tudo.

Uma lição ensinada pelos pequeninos

Algumas vezes, eu me pergunto se estou ensinando aos meus filhos ou se estou aprendendo com eles. Claro, estou os instruindo no caminho do Senhor. Estou ensinando-lhes a obedecer e a se render. Estou, com devoção, os instruindo a amarem o próximo. E, o mais importante, tento demonstrar o meu próprio amor por Deus e a minha dependência dele. No entanto, frequentemente, é por causa deles que sou lembrada de várias promessas nas Escrituras ou de determinadas virtudes. Recentemente, estou aprendendo sobre a paciência e a calma, o oposto da agitação e da pressa que me afligem vez ou outra.

Meus filhos não têm pressa – nunca. Eu, por outro lado, estou em constante estado de agitação. Isso pode ser um exagero, mas, de fato, eu estou sempre correndo. Contudo, por causa das minhas crianças, ultimamente, estou aprendendo a desacelerar, me concentrar e desfrutar o aqui e agora. Percebi muito claramente o meu desejo de correr e a vontade dos meus filhos de aproveitar e explorar a vida quando eu estava indo pegar um deles na escola. Assim que nós saímos – meu filho de um lado, segurando sua mochila, e minha filha do outro – eles viram um caracol.

Eles ficaram estáticos e intrigados. Queriam olhar para ele, pegá-lo e explorá-lo. Eles ficaram verdadeiramente encantados diante do bichinho – a pequena criatura de Deus. Então, eu parei também. Meu primeiro pensamento foi apressá-los, pois assim chegaríamos logo em casa, mas não fiz isso. Eu os deixei observar o caracol e desfrutar do momento pelo tempo que quiseram. Depois de quase dez minutos, eles estavam satisfeitos, e então seguimos em frente. Foi muito divertido observá-los. As crianças tiveram minha inteira atenção, e todos nós desfrutamos da beleza da criação de Deus juntos. Momentos como esses passam – e rápido! As crianças crescem rápido, e, como acontece com a gente, a admiração impressionante que eles experimentam durante a vida cotidiana perderá a cor. Foi bom para mim parar e aproveitar um desses dias passageiros e lembrar-me do Senhor com os meus filhos.

Então, por que a pressa?

Correr, correr, correr para nada

Quando eu paro para pensar sobre isso, raramente tenho algo de muita importância que precise ser feito com pressa. No entanto, tudo sempre parece muito urgente. Talvez sejam os dias e a época em que vivemos. A era das notícias instantâneas, dos e-mails instantâneos, das conexões instantâneas – a época da Internet. Eu poderia dar essa desculpa, e acho plausível dizer que os dias de hoje não colaboram com a minha luta, mas, na verdade, trata-se apenas do meu coração.

Acho que as minhas obrigações são mais importantes do que realmente são. Sou uma mini-deusa durante esses momentos. Meu tempo é de grande valor mesmo quando não tenho realmente alguma coisa para fazer. A agitação e a pressa geram ansiedade, irritabilidade e impaciência em meu coração.

No livro de Kevin DeYoung, *Super Ocupado*, ele descreve os vários perigos de se estar ocupada. Um perigo sobre o qual ele escreve que me fez diminuir o ritmo é que a ocupação pode roubar a nossa alegria.

Em vez de aproveitar os presentes maravilhosos que são os filhos, a casa, o marido e até a saúde, posso correr tentando cuidar de tudo. DeYoung observa que: "Como cristãos, nossas vidas deviam ser caracterizadas pela alegria (Fp 4.4), com sabor a alegria (Gl 5.22) e cheias da plenitude da alegria (Jo 15.11). Ocupação em demasia ataca tudo isso [...] Quando nossa vida está frenética e desvairada, somos mais propensos à ansiedade, ressentimentos, impaciência e irritabilidade."[1]

---

1 Kevin DeYoung, *Super ocupado – Um livro (misericordiosamente) pequeno sobre um problema (realmente) grande* (São José dos Campos, Ed. Fiel, 2013) p. 28.

Caramba, como faço isso. Quando eu estou ocupada, sobrecarregada ou não reconheço minhas limitações, posso ficar sem alegria. Você alguma vez já estourou com os seus filhos, não porque eles tenham se comportado mal, mas simplesmente porque estava tentando fazer o jantar e, talvez, responder aquele e-mail que parecia, nossa, tão importante naquela hora – tudo ao mesmo tempo? Eu já. A criança não fez nada de errado; eu apenas estava tentando fazer muita coisa de uma vez só, fiquei impaciente e irritada, e deixei minha língua e meu pecado se apossarem do melhor de mim. Minha alegria foi roubada, meu filho foi ferido, e eu fiquei com remorso – tudo por causa de um e-mail. Não vale a pena.

Eu quero evitar essas coisas, e a boa notícia é que eu *posso*.

Trocando a agitação pela paz

Estou aprendendo a me libertar do egoísmo, do egocentrismo, da vida corrida, porque Cristo me libertou (Gl 5.1). Mesmo em situações em que eu luto para desacelerar, como observar os meus filhos olhando para os caracóis, estou aprendendo a caminhar pelo Espírito e não pelos desejos da carne. Deixe-me dizer uma coisa: o Espírito é muito mais doce. Na simples atitude de parar pelos meus filhos, eu estava demonstrando amor, alegria, paciência, bondade, mansidão, benignidade, fidelidade e domínio próprio (Gl 5.22-23). Eu sou muito agradecida por Deus ter me ensinado e revelado a mim o meu pecado, assim eu posso mudar! Conforme aprendo a desacelerar, aprendo também a aproveitar o lugar onde estou. Somente Deus pode me ajudar a evitar a tentação de correr, e ele está fazendo isso com fidelidade.

Desacelerar e evitar o meu velho eu estão, por fim, produzindo paz em minha vida. Deus está dando paz ao meu coração em relação às minhas supostas obrigações, paz enquanto eu espero, e paz para aproveitar os amigos e a família.

Se você tem medo de não atender às expectativas apenas porque existem muitas coisas que precisam ser feitas, e você simplesmente não pode realizá-las totalmente e fica se sentido culpada e esgotada, uma das melhores notícias que você e eu podemos ouvir é que nós, na verdade, *não podemos* fazer tudo. O problema da culpa é que ela nos condena e nos deixa cansadas e sem esperança. A culpa diz que o trabalho realizado na cruz não foi suficiente, por isso nós temos que carregar o nosso fardo sozinhas. De diversas maneiras, a culpa é o foco egocêntrico em nossas limitações. Não é crime ficar cansada – é um lembrete de nossa necessidade de Deus. É um aviso sobre a nossa necessidade do Salvador. A culpa produz amargura e sofrimento e, no final, a morte espiritual. Você não precisa se sentir culpada por precisar descansar. Você simplesmente tem que fazer isso – descansar. Não precisa se sentir culpada quando disser não. Você precisa saber que isso não significa fracasso.

Eu fiz uma pesquisa rápida na Internet sobre o assunto "fracasso não é uma opção" e descobri que existem muitos livros escritos para nos ajudar a certificarmo-nos de que abraçamos esse conceito. Nós não queremos fracassar. Nós queremos fazer todas as coisas e bem feitas. Eu acredito que seja isso o que nos incomoda. Não é que tememos desapontar todos aqueles que conhecemos; é que, no fim, não queremos desapontar a nós mesmas. Não queremos fracassar.

Nós queremos ser a melhor amiga, a melhor vizinha, a melhor colega de quarto, a melhor esposa, a melhor mãe etc. Há um elemento desse desejo de não fracassar que pode glorificar a Deus. A Palavra nos diz que quer comamos ou bebamos, ou façamos outra coisa qualquer, façamos tudo para a glória dele (1 Co 10.31). Isso quer dizer que queremos honrar a Deus em todos os nossos relacionamentos – com os amigos, a família, colegas de quarto e vizinhos. No entanto, como Paulo, quando desejamos fazer o bem, o mal está bem aqui conosco (Rm 7.21). O mal, nesse caso, é o pecado, e o pecado contra o qual lutamos quando não desejamos fracassar em prol de nós mesmas pode ser o orgulho. Talvez, uma maneira de lutar contra o nosso orgulho e aceitar a nossa fraqueza, para que possamos nos inclinar a Cristo, seja avaliar o fundamento sobre o qual estamos nos firmando.

Firmada sobre a Rocha

E se você estiver vivendo em uma época quando descansar é como uma joia rara – está lá, mas é difícil de se conseguir. Eu entendo. Como mãe de crianças pequenas, por exemplo, descansar é quase uma ilusão. A minha situação melhorou, porque os meus filhos estão um pouco mais velhos agora e estão dormindo em ciclos regulares. No entanto, eu me lembro daqueles dias de loucura quando acordava a cada três horas para amamentar o bebê, apenas para acordar no horário "normal" a fim de atender às necessidades do meu outro filho pequeno. É difícil dizer a um bebê para esperar enquanto você descansa um pouco. Isso não acontece. Devemos reconhecer que existem épocas como essa e que devemos nos apegar a Cristo. Eu espero que o restante deste capítulo lhe traga encorajamento quando for encarar a fraqueza em seu rosto.

Quero lhe fazer uma pergunta, amiga exausta: Em que solo você tem se firmado? Em muitos domingos, eu proclamo em alta voz: "Eu estou firmada na rocha sólida que é Cristo". É o início do refrão de um belo hino que foi escrito e reescrito, mas a sua mensagem central continua: somente em Cristo nós podemos colocar a nossa esperança; qualquer outro lugar nos desapontará. Frequentemente, para mim, e eu presumo que para você também, é somente quando as coisas começam a ficar instáveis, que eu percebo que estou firmada em solo errado. Somente quando eu me sinto exausta de tanto tentar ser ou fazer que percebo que não tenho descansado nele.

A seguir, estão listados alguns solos sobre os quais podemos estar firmadas.

O solo do eu. Quando eu me canso de fazer o bem, quase sempre descubro que estava agindo em minha própria força. Deus, de modo tão bondoso, nos exorta a descansarmos nele. Eu sou fraca, e quando me dou conta da minha fraqueza, ao invés de, orgulhosamente, tentar ainda mais, Deus me dá graça. A sua graça me basta (2 Co 12.9-10). Isso quer dizer que, quando eu não consigo fazer todas as coisas em um dia, não tenho que me sentir culpada. Não preciso reunir energia – eu preciso descansar. Eu preciso descansar nele mesmo quando não consigo descansar fisicamente. E quando eu sinto que ele está me cutucando para o descanso físico, preciso fazer isso e aceitar a minha fraqueza e dependência dele.

O solo dos outros. Quando estou desencorajada por causa das ocupações da vida, com frequência descubro que estou correndo para satisfazer outras pessoas. À primeira vista, pode parecer fácil colocar a culpa na pessoa que precisa da nossa atenção. No entanto, nós nunca fomos chamadas para sermos governadas pelos outros. Nós somos chamadas para servimos as outras pessoas, mas nunca para sermos dominadas por elas. Claro, de fato, nós temos que nos submeter às autoridades competentes. Estou falando da tentativa pecaminosa de agradar os outros. Além disso, não podemos culpar as outras pessoas quando isso acontece. Não é culpa delas.

Nós devemos pedir sabedoria a Deus e saber quando dizer não. Essa pessoa que gosta de agradar os outros sabe o quanto isso é difícil. Dizer não, entretanto, satisfará você e ao outro somente a longo prazo. A minha estabilidade e a estabilidade da minha fé não devem jamais ser colocadas em homens.

O solo das circunstâncias. Quando tudo está bem no mundo, o meu coração e a minha carne não falham comigo. Assim como o exemplo de conseguir fazer tudo, eu fico contente como um pássaro que voa alto quando sinto que fiz tudo o que precisava fazer. No entanto, quando as circunstâncias se tornam escabrosas, o mesmo acontece com o meu fundamento. Eu sou tentada a me desesperar. E, embora conheça a verdade a respeito da soberania e bondade de Deus, simplesmente opto, às vezes, por ignorá-la.

O problema com nossas medidas e esses solos sobre os quais nos firmamos é que, se concluímos as nossas tarefas ou realizamos o nosso desejo, sentimo-nos satisfeitas e bem conosco. Contudo, quando não concluímos as nossas tarefas nem realizamos os nossos desejos, sentimos apenas condenação e culpa. O perigo vem quando transformamos esses padrões terrestres nos padrões de

Deus para nós. Na realidade, os padrões de Deus são muito maiores do que os nossos e muito mais difíceis de se alcançar. O medo de não atender às expectativas, como já mencionado, pode realmente ser o medo do fracasso, o qual poderia estar enraizado na justiça própria e no orgulho. E nenhuma de nós está imune a isso.

E, mesmo assim...

Quando os nossos corações falham, Deus continua sendo a nossa força; ele nos ensina a sermos pacientes (Sl 73.26). Deus escolheu o vaso fraco e defeituoso para envergonhar o forte (1 Co 1.27). Quando sou fraca, então, é que sou forte (2 Co 12.10).

Esses versículos bíblicos edificam a minha fé, porque eu sei que Deus está comigo na minha fraqueza, mas isso não resolve o meu problema de estabilidade. Meus pés devem estar firmados e seguros na esperança que eu tenho no evangelho. A minha esperança é firmada, somente e tão somente, no sangue e na justiça de Jesus. Do contrário, eu continuo a colocar expectativas prejudiciais e desleais em outras pessoas e em mim mesma, além de continuar tendo esperança em minhas circunstâncias.

Jesus me faz lembrar que eu jamais conseguiria fazer o suficiente ou ser suficiente, mas que eu sou suficiente por causa dele – porque ele é suficiente. Jesus me relembra de que todos pecaram e estão destituídos da glória de Deus, por isso eu posso ter graça por outras pessoas que requerem o meu tempo e a minha atenção, e ele me capacitará a servi-las com amor. Jesus me lembra de que eu tenho uma grande herança, portanto, embora o chão (ou a minha alma) possa faltar, ele ainda é a minha esperança e fundamento. Assim como proclama o hino: *"A minha fé e o meu amor estão firmados no Senhor, estão firmados no Senhor. Ao vir cercar-me a tentação, é Cristo a minha salvação."* Eu direi à minha alma: *Pare de se firmar na areia movediça, por favor!*

Ele atende às expectativas

Pode ser uma difícil assimilação, porém, como eu compartilhei neste capítulo, você e eu não atendemos às expectativas, e a nossa busca temerosa para alcançar tal objetivo é vã. Seria triste se fosse assim. Sem esperança. Sem boas notícias. Simplesmente, "é o que é". Felizmente, a nossa realidade é muito melhor. Nós não atendemos às expectativas, mas Jesus o faz. A boa notícia é que Cristo morreu e cumpriu a lei que era exigida de nós. A doce cura do nosso medo de fracassar é o evangelho, que nos relembra de nossas limitações e fraquezas, bem como de nossa necessidade de um Salvador. Jesus é tudo o que você e eu jamais seremos nesta terra. Toda nossa fraqueza foi colocada sobre ele e paga na cruz. Todas as nossas imperfeições são perfeitas aos olhos de Deus por causa de Jesus.

Você crê nisso? Você nunca vencerá o medo de não atender às expectativas até aceitar a obra consumadora de Jesus na cruz. Você não será capaz de exercer a sua fé com confiança em Jesus até compreender que ele é o seu rei ressurreto e está intercedendo por você agora. Ele é por você. Não existe notícia melhor do que essa. Você não atende às expectativas, mas ele atende.

Capítulo 6 — Medo da aparência física

Senhoras, vocês já tiveram filho? Vocês percebem que algumas coisas mudaram? Aquilo que já foi firme pode estar um pouco mais flácido; para algumas, existem marcas que as lembrarão para sempre dos nove meses em que carregaram uma vida. E eu não me importo com que o falam: seu quadril nunca voltará à posição original. Ainda que não tenha tido a alegria de carregar uma criança, você não tem que viver esperando ser bombardeada por aquilo que o mundo acredita ser a imagem do corpo ideal. Existem até sites dedicados à obtenção da forma física ideal. Existem medidas faciais para o que é considerado belo. Além disso, existe o nosso próprio desejo pecaminoso por essas medidas, quase sempre irreais, mas, definitivamente, do mundo. Se não atingimos tais medidas, não atendemos às expectativas. Então, nos tornamos medrosas e lutamos por essa beleza.

Deixe-me dizer uma coisa: Eu já vi de tudo e passei por muitas coisas também. Fiz parte da indústria *fitness*, alternadamente, por quase oito anos. Todo mês de janeiro, as academias de ginástica ficam cheias de novos alunos e novos participantes nas aulas de *fitness* em grupo (onde você teria me encontrado dando aulas). Eu já tinha visto a viciada em ginástica, a que come de maneira descontrolada, e aquela que se pesa constantemente. E eu fui essa mulher. Passei por épocas quando, se não fosse para a academia, eu ficava infeliz e com medo de não conseguir entrar nas minhas roupas. Quando jovem, eu lutava com problemas relacionados à alimentação – nunca fui diagnosticada com transtorno alimentar, mas me preocupava ao extremo com aquilo que colocava em minha boca. E as balanças eram minhas inimigas na faculdade.

Agora, como mãe de dois filhos e escritora que passa mais tempo sentada do que em toda a minha vida, tenho lidado com sérias mudanças no corpo. Meus medos variam de não parecer atraente para o meu marido a não conseguir entrar nas roupas. Tenho medo de não "conseguir voltar". Quando se trata da imagem do corpo, eu luto contra o medo de não estar à altura dos padrões do mundo e daqueles que estipulei para mim mesma.

Não é verdade que, frequentemente, coisas boas se transformam em coisas ruins devido aos nossos corações pecaminosos? Em outras palavras, o exercício físico, o desejo de estar saudável e cuidar do corpo que Deus nos deu não é algo ruim. Mas quando esses desejos se tornam ídolos e começamos a medir nossa importância e valor por eles é que isso se torna algo negativo. Cuidar de nossa forma física pode ser uma maneira de honrar a Deus. Deus nos criou não para acabarmos com os nossos corpos por meio do abuso, mas para usá-los para a sua glória e propósitos. E, embora a piedade seja de extremo valor, nós sabemos que o exercício físico também tem valor para o Senhor. Paulo nos ajuda a entender a dicotomia quando ele escreve: "Pois o exercício físico para pouco é proveitoso, mas a piedade para tudo é proveitosa, porque tem a promessa da vida que agora é e da que há de ser" (1Tm 4.8).

Portanto, podemos presumir que não há problema em buscar se exercitar como um objetivo para uma vida saudável e, o mais importante, uma vida piedosa. O exercício físico proporciona força para o trabalho, pode ser revigorante e rejuvenescedor. No entanto, o fato de existir uma necessidade de se exercitar, de modo geral, é outro lembrete de que nós vivemos em um mundo caído, com corpos caídos.

Nossos corpos definham, mudam e se cansam. Nós tentamos todo o medicamento experimental e as várias formas de exercício para prolongar ou evitar o inevitável. O *botox*, a cirurgia plástica e uma vida de maratonas não podem evitar nosso destino inevitável. Como Adão na Bíblia, nós somos pó e ao pó voltaremos (Gn 3.19). Nenhuma quantidade de exercício pode impedir isso.

Empresas, como a Dove, que fabricam cosméticos transmitem esses falsos ideais de beleza.[1] Em suas propagandas, elas revelam os segredos do Photoshop. As imagens da mulher perfeitamente proporcional (alta e magra ou com muitas curvas – seja lá qual for o seu ideal) passaram, muito provavelmente, pela cirurgia plástica via computador e designer gráfico. Por isso, nós podemos relaxar, senhoras. Não precisamos tentar atender a esses falsos ideais de beleza. Não precisamos ter medo disso.

---

1 Trillia Newbell, "Mirror Wars," *Relevant*, 17 de Abril de 2013, http://www.relevantmagazine.com/life/whole-life/mirror-wars.

E, embora não exista nada nesta terra para se desejar para a eternidade, em sua bondade, Deus não nos abandona em nossa desintegração. Nós sabemos que, no tempo certo, ele fará novas todas as coisas, e o que uma vez fora repleto de enfermidade e dor ressuscitará para a glória com Cristo. Paulo liga a queda à nossa ressurreição quando escreve: "Porque, assim como, em Adão, todos morrem, assim também todos serão vivificados em Cristo. Cada um, porém, por sua própria ordem: Cristo, as primícias, depois, os que são de Cristo, na sua vinda" (1Co 15.22-23).

Como se essa boa nova não fosse o bastante, Paulo nos faz lembrar de que nós não apenas estaremos com Cristo, mas também seremos como ele: "Pois a nossa pátria está nos céus, de onde também aguardamos o Salvador, o Senhor Jesus Cristo, o qual transformará o nosso corpo de humilhação, para ser igual ao corpo da sua glória, segundo a eficácia do poder que ele tem de até subordinar a si todas as coisas" (Fp 3.20-21).

Sim! Deus fará o seu corpo novo. Ele transformará nossos corpos, aqueles que esticamos e dobramos, que deixamos passar fome e damos duro para tentar deixar bonito. Sim, ele os deixará bonitos, puros e gloriosos quando ele voltar. Nossos corpos jamais morrerão outra vez. E, o mais importante, nós não teremos pecado.

Nossos corpos caídos e imperfeitos ainda são outra maneira de como nós podemos olhar para Cristo. Por sua graça, podemos tirar nossos olhos de nós mesmas e fixá-los diretamente em Jesus. Nossos corpos são feitos para a adoração, e, se o Senhor nos deixar viver por bastante tempo, nós ficaremos com corpos que não serão capazes de fazer outra coisa senão adorar.

Cada dor, sofrimento e músculo debilitado que, uma vez fora firme, é outro lembrete de que nós temos um Salvador que é perfeito em beleza, e que está vindo nos buscar para nos levar de volta ao nosso estado antes da queda e para nos elevar a uma condição mais gloriosa do que podemos imaginar.

Então você deve estar pensando: *Mas eu quero ser atraente para o meu marido ou futuro cônjuge.* Se você reproduzir essa discussão a respeito dos problemas do corpo, talvez parte daquilo que a motiva a ter medo de não atender ao esteriótipo de corpo criado pelo homem seja o medo de não ser desejada por um homem. Se você for casada, esse homem pode ser o seu marido; se você for solteira, você pode sentir medo de não atrair um homem. (Nós temos de lembrar que a piedade é fundamentalmente atraente. A beleza é vã e passará, e apenas o temor do Senhor durará). Não há realmente problema algum com o desejo de ser atraente para o seu marido, desde que isso não se torne um ídolo que a controla e a conduz ao medo e à ansiedade. Se você teme não atrair um homem caso não consiga determinado tipo de corpo, ore para que o Senhor lhe dê um varão que tema ao Senhor sobre todas as coisas.

Nós não queremos viver *por causa de* homem – por causa de nós mesmas ou por causa de *um* homem. A mesma arma que você utiliza quando pensa sobre os problemas dos relacionamentos é utilizada também quando se luta contra a tentação de batalhar por um corpo ideal. Devemos elevar nossos olhos para o alto, para o Criador, e perceber que nossos corpos nunca serão ideias, e, caso sejam, não o serão para sempre enquanto estivermos nesta terra. O tempo, por fim, chegará para eles através da morte. Essa é a realidade que todas nós enfrentamos.

O corpo ideal e a alimentação

Existem diversas maneiras como nós, mulheres, podemos lutar com a imagem do corpo, e, embora muitas tenham sido mencionadas na passagem acima, uma, em particular, parece atingir muitas, e em diferentes níveis, por isso eu achei importante não somente citá-la. Vamos parar e enfrentar essas tentações realmente difíceis juntas. Transtornos alimentares são graves; muitas mulheres são acometidas por eles de alguma forma (de moderado a severo) em algum momento. Esses transtornos variam de passar fome, bulimia e compulsão alimentar até as formas mais moderadas de obsessão por ingestão alimentar. Não estou me referindo à conscientização geral quanto ao peso e a dieta, o que é saudável e inteligente. Nós *devemos* cuidar de nossos corpos. O que estou abordando aqui é qualquer tentação ou ação que nos consome e nos faz pensar ou fazer coisas perigosas, prejudiciais ou pecaminosas. É importante abordar esse assunto também, porque, de acordo com o *Instituto Nacional de Saúde Mental* dos Estados Unidos, os casos mais severos de transtornos alimentares também são a principal causa de morte entre as mulheres na faixa etária dos 15 aos 24 anos.[2] Eu sei que existem mulheres que lutam seriamente com o problema de transtornos alimentares, muitos dos quais não são diagnosticados. Outras sofrem de formas mais moderadas que não são necessariamente classificadas como transtornos alimentares, mas ainda assim são perigosas e, portanto, importantes de serem incluídas aqui.

---

2 National Institute of Mental Health, "Statistics," http://www.nimh.nih.gov/health/publications/the-numbers-count-mental-disorders-in-America/index.shtml#Eating.

Durante o meu último ano do Ensino Médio, eu esperava continuar como animadora de torcida e com a dança quando entrasse na faculdade. O Senhor tinha outros planos, porém isso não fez com que eu parasse de tentar provocar o meu próprio vômito, de fazer dietas pesadas e de me olhar constantemente no espelho. Eu queria ser capaz de fazer parte da equipe, e, como membro de uma equipe de torcida competitiva, eu sabia que a competição não estava apenas relacionada ao talento; mas também se tratava de peso. O meu primeiro ano da faculdade foi muito parecido com o meu último ano do Ensino Médio. Eu não fiz parte da equipe da faculdade, mas continuei ensinando grupos de líderes de torcida por todos os Estados Unidos nos campos das faculdades. Depois do meu segundo ano de faculdade, deixei para trás os dias de dança e de liderança de torcida e pude experimentar, com alegria, uma libertação da luta pelo corpo perfeito.

Nunca fui diagnosticada com transtorno alimentar. Não acredito que eu tivesse essa doença. Não havia muita constância na minha luta contra a comida e o peso. Eu era pega por essa doença de vez em quando e, depois, ficava bem por meses afora. Eu queria me adequar, fazer parte da equipe. Uma vez que abri mão disso, consegui superar o desejo de ser magérrima, mas o desejo pecaminoso por aceitação continuou presente em meu coração. Eu não estava mais obcecada por ser magérrima, porém, como eu temia o homem, continuei decepcionada por jamais conseguir fazer parte da equipe. Conforme abordei anteriormente no capítulo sobre o medo do homem, o meu coração encontrou outra coisa em que colocar o meu desejo por aceitação, que era simplesmente *ser* aceita. Deus continua a extirpar o desejo de agradar e ser aceita pelos outros.

O tipo de medo e luta que eu tenho em mente é comumente exposto por meio dos hábitos alimentares. Nem todas nós sofremos de transtornos alimentares, mas a maioria de nós, provavelmente, tem épocas de atenção obsessiva com o corpo ou com aquilo que come. Quando eu reflito a respeito daquele período em minha própria vida, acredito que o que passei tenha sido uma versão intensificada da luta de muitas pessoas. No entanto, eu tenho amigas que tiveram transtornos alimentares, e você pode estar lendo isto depois de ter lutado ou ainda estar lutando contra algum transtorno. Por causa disso, pedi para duas amigas compartilharem a história delas com suas próprias palavras. Os relatos delas podem não se alinhar perfeitamente à sua experiência, mas eu oro para que eles lhe concedam esperança. As histórias estão resumidas aqui, mas você pode lê-las na íntegra no anexo "Transtornos alimentares".

A história de Eva: anorexia e a misericórdia de Deus

Eu fui salva quando nova, cresci em uma família cristã e era envolvida com uma grande igreja. Acreditava em Deus, orava, cantava hinos e buscava obedecer-lhe e agradá-lo. Entretanto, mesmo tendo sido ensinada, eu nunca compreendi, quando jovem, o quão enganoso e depravado era o meu coração (e é!). Eu era uma pequena legalista que sabia as respostas corretas e tinha orgulho disso. Lembro-me, perfeitamente, de estar no Walmart, quando criança, e saber que não era para eu ver as prateleiras de revistas no caixa, porém eu pensava que era madura o bastante para lidar com qualquer assunto abordado por elas. Eu li uma manchete que dizia: "Traição... assassinato " e pensei: *Eu fico tão feliz por não ser tão ruim assim*. A graça não era maravilhosa para mim. Inconscientemente, eu achava que o pecado tinha categorias, e eu simplesmente não era *tão* ruim *assim*. Eu realmente acreditava que era cristã, quando criança, mas eu era muito orgulhosa e hipócrita. Achava a anorexia algo estúpido. "Como uma mulher pode se obrigar a passar fome?", eu questionava.

Conforme me desenvolvia fisicamente (puberdade, etc.), meu desejo por aprovação e meu falso moralismo também aumentavam. Eu acreditava que era capaz de controlar a minha vida, agenda e aparência, e menosprezava aqueles que não tinham o mesmo domínio próprio. Sempre fui ativa e magra, mas, em algum momento, em torno dos quatorze ou quinze anos, minhas tendências voltadas ao desejo por aprovação começaram a me mostrar quanta atenção eu recebia por ser magra, atlética, disciplinada, ter domínio próprio e boa forma física. Quando meu corpo mudou, nos anos da adolescência (apareceram os quadris), comecei a fazer exercícios físicos regularmente para ficar em forma, porém, a minha atividade era alimentada pelo desejo de ser elogiada e bem vista. A possibilidade de ser para lá de obcecada jamais passou pela minha cabeça. (Leia a história completa de Eva no Anexo 1.)

A história de Emily: uma carta franca às minhas amigas que lutam com transtornos alimentares[3]

Eu quero que vocês retrocedam 20 anos, quando eu tinha 13 anos de idade.

Sou uma filha de pastor que está em uma sala de hospital com chumaços de cabelo na mão.

Minhas unhas estão lascadas, e você consegue ver o contorno do meu aparelho dentário através das minhas bochechas.

Eu peso 27 quilos.

A sala cheira a lisol. As enfermeiras dizem que estou morrendo.

Eu estava penteando meus cabelos quando eles começaram a cair, e eu tentei pegar todas as partes soltas e colocá-las de volta na minha cabeça.

Hoje, eu comi pela primeira vez em quatro anos – comi de verdade, tudo o que estava no prato, tudo o que colocaram na minha frente – porque, mesmo que eu ainda ache que não sofra de anorexia, sei que isso não é normal.

Ficar roxa por causa de hipotermia, não ser capaz de correr ou levantar objetos e ver suas amigas chorarem quando veem você – não é normal.

---

[3] Emily Wierenga, "An Open Letter to My Friends Struggling with Eating Disorders," 11 de Agosto de 2014, http://www.desiringgod.org/blog/posts/an-open-letter-to-my-friends-struggling-with-eating-disorders.

Serão necessários mais vinte anos até eu conseguir admitir que tenho uma doença mental, mas hoje é um começo. Porque eu a vi a caminho do hospital. Uma mulher, correndo, musculosa, a mulher mais bonita que eu já vi. Ela parecia completamente viva.
E eu percebi, então, naquele momento, que sentia fome de algo além da comida.
Estava faminta muito antes de ter recusado a minha primeira refeição.
Eu não tinha ideia do que era a anorexia nervosa. Nós éramos filhos de pastor criados cantando hinos e decorando versículos bíblicos, e educados em casa na comprida mesa de madeira dos nossos pais. A única TV à qual assistíamos era uma em branco e preto que encontramos no lixo. Nós a tirávamos do porão uma vez por semana para assistir à Disney no domingo à noite. Eu não podia fazer aulas de dança ou ler revistas de moda, porque a mamãe, que era nutricionista, achava que elas poderiam impulsionar um transtorno alimentar.
Porém, a escuridão, assim como a luz, vaza pela fresta. E se nós somos forçadas a negar o nosso pecado desde o dia em que nascemos, nós jamais perceberemos a necessidade do Salvador. Nós apenas nos castigaremos por não sermos o que achamos que deveríamos ser: perfeitas.
Eu sempre fui uma boa menina, era calada exceto quando falavam comigo. Cuidava dos meus irmãos mais novos. Passava horas com meus poemas e minhas fotos,

esperando ganhar a atenção de um pai que passava a maior parte do tempo na igreja ou em seu escritório.

Nunca me perguntaram qual era a minha cor favorita. Eu nunca soube qual era até me casar, uma coisa aparentemente insignificante até você perceber que não é só isso – você também não sabe como gosta que o seu ovo seja feito, ou o bife, ou qual é o seu xampu favorito, porque tudo o que você sabe é que ele tem que ser barato.

São as pequenas coisas que, no fim, se juntam para formar a grande imagem de o porquê você não se amar.

E quando eu tinha treze anos e estava lá naquele avental verde de hospital, a mamãe me dizendo com seu leve sotaque britânico que as enfermeiras disseram que eu era um milagre porque ainda estava viva (eu deveria ter morrido), parecia que Deus havia descido e estava segurando o meu rosto, dizendo: "Eu nunca a deixarei nem desampararei".

Era o meu Pai celestial me garantindo que havia mais coisas na vida além de regras e liturgias. Havia alegria – e ela parecia boa.

Amiga, você provou dessa alegria?

Eu finalmente soube, apesar da dor da minha infância e dos chumaços de cabelo em minha mão, que Deus me ama porque ele me criou. E, mais ainda, porque ele morreu por mim. E, de repente, o meu corpo não era mais apenas a pele que revestia o músculo que revestia o osso. Era um vaso, e Deus queria derramar o seu amor sobre mim, assim, eu poderia derramá-lo sobre outras pessoas. Nós não somos apenas seres físicos. Somos espirituais, e parte de mim sempre soube disso, e essa é a razão por que a comida nunca fora suficiente.

No entanto, foi necessária outra recaída na anorexia, agora como uma jovem mulher casada, para não somente reconhecer o amor de Deus por mim, mas para também deixá-lo me preencher, porque a alegria não é encontrada em uma vida perfeita. Alegria é a paz que excede todo o entendimento quando olhamos para os olhos do nosso Criador e entendemos que podemos confiar nele apesar da dor que nos rodeia. Deus é digno de confiança.

Eu costumava achar que o famoso milagre de Jesus, em João 6, era sobre o pão, o peixe e os cinco mil estômagos vazios que precisavam jantar. Contudo, sempre fiquei perplexa sobre o porquê Jesus ter permitido tamanho desperdício – por que ele criou doze cestos com sobras. No entanto, isso é perder o foco. A história não é a respeito do pão ou do peixe.

Conforme Jesus explicou, posteriormente, para a multidão: "Eu sou o pão da vida; o que vem a mim jamais terá fome; e o que crê em mim, jamais terá sede" (Jo 6.35).

Jesus é o pão. Ele é o sustento eterno para a fome da alma. Nele, nossas almas não ficam mais com fome ou sede. As sobras da história são uma ilustração para nós, relembrando-nos, todas as vezes em que a lermos, que ele é mais do que suficiente para você e mais do que suficiente para cada necessidade em minha vida.

Alimentar-se do pão vivo é encontrar suficiência em Cristo para todo o desejo de fome que sinto em minha alma, é deixar a sua graça e a sua bondade encherem todos os espaços vazios e dolorosos dentro de mim, é ser nutrida e crescer na fé e no amor.

Amiga, você conhece esse pão vivo? (Leia toda a história de Emily no Anexo 1.)

Essas são as histórias delas, e o Senhor está escrevendo a sua história. Ela pode não ser exatamente como a delas; talvez, você esteja passando por anos e anos de luta e batalha com um pouco ou nada de descanso. Existem inúmeros recursos para ajudá-la com a sua batalha, e eu aconselho você a buscar ajuda. Contudo, nós podemos nos unir a Milton Vincent e dizer:

Então, essa é a minha história, contínua ela é.
Como posso agradecer a Deus por esse seu evangelho?
Um presente que continua a presentear,
O evangelho confere
A generosidade do céu toda vez que o volto a recitar.[4]

---

[4] Milton Vincent, *A Gospel Primer for Christians: Learning to See the Glories of God's Love* (Bemidji, MN: Focus, 2008), 88.

CAPÍTULO 7

MEDO DA INTIMIDADE SEXUAL

Eu estou casada há 11 anos. Onze anos para algumas pessoas parecem uma eternidade e, para outras, apenas o começo. Em nossos poucos (ou muitos?) anos de vida conjugal, eu tenho lutado, vez ou outra, com o medo de não atender à expectativa da esposa ideal. Você sabe em qual mulher estou pensando. Aquela de cujo "valor muito excede o de finas joias". Essa mulher, aparentemente, acorda bem cedo – ainda está escuro do lado de fora, e ela já cuidou dos seus filhos. Ela tem tino comercial e também costura roupas. Quem faz ambas as coisas? Bem, aparentemente, ela faz. Ela é generosa para com os pobres e necessitados. A mulher é cuidadosa com o seu tempo; ela não tem qualquer relação com a ociosidade. Se você ainda não adivinhou, estou escrevendo a respeito da mulher de Provérbios 31. Essa bela personagem presente nas Escrituras não tem o objetivo de ser uma obrigatoriedade ou de pressionar as mulheres. No entanto, com que frequência você já leu essa lista de virtudes e se desesperou ou lamentou? *Ela lhe faz bem e não mal, todos os dias da sua vida?*, pensamos. *Bom, eu falhei. Eu fiquei irada, de modo pecaminoso, exatamente ontem.*

Meu primeiro ano de casada foi uma mistura de tentar ser essa esposa perfeita e tentar mudar o meu marido. Eu lutei muito contra o falso moralismo. Queria que nos adequássemos a determinado padrão. Tinha medo de não atender à expectativa deste ideal – você sabe, o de "casal piedoso". O meu medo de que não fôssemos bons exemplos de piedade crescia enquanto eu também julgava meu marido de maneira quase que implacável.

E sei que não estou sozinha nessa tentação.

Eu tenho conversado com amigas recém-casadas que me contaram a respeito de suas frustrações com seus cônjuges. Geralmente, existem algumas áreas nas quais essas mulheres desejam que seus maridos melhorem, e elas estão ficando cansadas de esperar. Embora eles precisem melhorar, é fácil e comum para as esposas lutarem contra a crítica e a autojustificação. Nós conseguimos olhar para os nossos maridos, enxergar o pecado e ser extremamente rápidas e impetuosas ao apontá-lo. Pior, nós conseguimos olhar para eles e não enxergar a graça tão evidente em suas vidas e a nossa própria pecaminosidade.

Eu me identifico. Essa era eu.

Lembro-me do meu casamento como se fosse ontem. Era um dia frio, mas bonito de dezembro. Toda a nossa decoração era em vermelho, branco e verde para refletir a estação. Foi exatamente o que esperávamos que fosse e ainda mais.

Depois da lua de mel (que foi simplesmente mágica), nós voltamos para a nossa casa ansiosos para começarmos a nossa nova vida juntos. No entanto, logo o conto de fadas acabou, e a vida real começou. Ela não se parecia nem um pouco com aquilo que eu tinha imaginado. Não havia problemas evidentes. Não havia questões profundas enraizadas no pecado. Contudo, eu estava bastante ciente dos defeitos do meu marido, e não estava conseguindo deixar de compartilhar meus pensamentos.

Fui rápida em apontar o pecado e ávida por compartilhar as "observações" a respeito de como ele poderia mudar ou desenvolver como líder, tudo sob o pretexto de ser sua auxiliadora. Julguei meu marido com severidade em nosso primeiro ano de casamento. Eu achava que estava certa e fiz o papel do "espírito santo" dele. Como disse, eu dissimulei a situação como se eu fosse a auxiliadora dele. Errado!

Contudo, eu não o estava ajudando ao compartilhar a minha sabedoria e percepções quanto a cada parte de sua vida? Quero dizer, com certeza ele precisava da minha ajuda para se tornar um homem piedoso, certo? Vamos dizer apenas que havia uma tábua em meu olho do tamanho de uma sequoia, mas tudo o que eu conseguia enxergar era o argueiro no olho dele (Mt 7.3). Eu estava cheia de falso moralismo e egocentrismo.

Por trás de toda essa implicância, estava o desejo de ter tudo sob controle. Além do mais, muitas das minhas correções originavam-se do desejo de preencher alguma necessidade percebida em mim e pouco tinham a ver com a santificação dele. Meu desejo era que ele mudasse por *mim*, não para satisfazer e glorificar a Deus. As minhas observações eram, no geral, (mas, nem sempre) egoístas.

Como mencionei, sou muito grata ao Senhor por ter nos dado mais tempo para crescer. Hoje, onze anos depois do dia de nosso casamento, eu ainda estou aprendendo a ajudar, de maneira amorosa, o meu marido, porém, mais do que isso, estou aprendendo a *desfrutar* dele. Eu aprendi que Deus nos designou para um propósito, e nós não precisamos viver à altura dos padrões que estabelecemos para nós mesmas nem das pressões que pensamos poder experimentar de nosso exterior. Amadureci ao buscar por graça e por dons. Deus tem me ajudado a utilizar a minha língua para encorajar, edificar e elogiar o meu marido pela maneira como Deus o fez ao invés de contestá-lo pela maneira como Deus *não* o fez.

Além disso, assim como não me surpreendo com o meu pecado, não fico surpresa por Deus ter me ajudado a amadurecer nessa área. Deus faz com que todas as coisas cooperem para o bem daqueles que o amam (Rm 8.28). Ele proverá o livramento do nosso falso moralismo pecaminoso (1Co 10.13). Ele promete completar a boa obra que começou em você e em mim (Fp 1.6). Essa é uma boa notícia para nós! Deus é fiel.

De maneira maravilhosa, mesmo quando eu caí na tentação de julgar meu marido e tentei atender aos padrões inferidos pelas pessoas ao meu redor, Deus, de modo inabalável, permaneceu comprometido em me perdoar, porque o meu pecado – não em parte, mas por inteiro – está coberto pelo sangue de Jesus Cristo. E, irmã, o seu também está.

A minha justiça própria estava enraizada no orgulho e no medo do homem. No entanto, o medo de que nós não fôssemos o casal incrível e maravilhoso não era a minha única batalha. Eu também me preocupava com o fato de desapontá-*lo*. Durante o nosso primeiro ano de casamento (de novo, muito agradecida pelos anos *posteriores* ao primeiro), eu realmente fiz coisas cômicas, como fazer sobremesa depois de *toda* refeição. Isso não ajudava na luta contra a imagem do corpo. Eu era apenas uma dona de casa mediana e me sentia muito desencorajada ao pensar que tinha desapontado meu marido quando a casa não ficava tão limpa como eu achava que ele merecia (ele nunca, nem uma vez sequer, me pressionou a fazer nada disso, honestamente). Então, se aqueles não eram, de fato, os padrões dele, e o Senhor não os estava exigindo de mim, de onde vinha a pressão? Eu tinha adotado uma cultura ao meu redor. Não estava sozinha nessa busca por ser a esposa perfeita. O único problema era que isso não era algo possível. Eu estava correndo atrás do vento.

Como estou envolvida em vários eventos do ministério de mulheres, percebo que isso continua sendo uma tentação para muitas de nós. Nós nos pressionamos para sermos a esposa ideal que achamos que irá satisfazer o nosso marido, porém, na realidade, tais buscas são egoístas e arrogantes. Deus é o Deus de ordem, e, portanto, não há nada de errado com o desejo de um lar que reflita tal ordem. O texto de Tito 2 encoraja as mulheres mais velhas a ensinarem às mais novas a se ocuparem em casa, então, mais uma vez, cuidar de sua casa é bom e importante. No entanto, quando colocamos pressão em nós mesmas e buscamos ser a "esposa excelente" por causa do medo, isso não agrada ao Senhor.

Voltaremos à mulher de Provérbios 31, pois temos algo a aprender com ela além da aplicação prática de ser esposa e mãe. Essa mulher era um grande exemplo, porém, talvez, não pela razão que você acredite.

Intimidade com ele

Eu não vou me aprofundar muito no tópico da intimidade. Existem muito mais coisas que poderiam ser escritas, muito mais coisas que completariam o seu próprio livro. Contudo, caberia a mim observar essa luta pela qual tantas mulheres passam quando pensam a respeito de intimidade. Você pode se perguntar ou se preocupar: *Estou atendendo às expectativas? Eu serei o suficiente para o meu marido?*

Essa preocupação parece mais predominante entre as mulheres recém-casadas. Você acabou de se casar com o homem pelo qual estava esperando – e, caso estivesse esperando por *aquele* dia, ele pode ser assustador e intimidador. Conforme tenho interagido com as mulheres recém-casadas, a maioria parece inquieta e preocupada com ideias como: *E se eu não souber o que fazer? Como eu conseguirei ficar nua e não ficar envergonhada?* O texto de Filipenses 4.8-9 pode ser de grande ajuda para você orientar os seus pensamentos ao entrar no quarto. Tenha ideias verdadeiras a respeito de seu marido e não coloque pressão em você para ser perfeita. Você tem uma vida inteira para aprender! Acabe com a pressão. Aproveite o momento. Curta o seu marido. E, caso precise de ajuda para entender mais sobre o assunto, seja sincera e honesta com o seu marido, ou peça conselho a uma mulher mais velha e de confiança, ou faça ambas as coisas.

No entanto, a verdade é: nem sempre é tão fácil, e há muitas outras lutas que nós iremos explorar.

Eu vesti branco

Era um lindo e simples vestido evasê com um delicado laço. Nós imprimimos nossos votos no programa como uma lembrança de tudo o que Deus havia feito para nos levar até o ápice – o casamento. Meu vestido de casamento branco era um lembrete visível para mim de que eu era pura, alva como a neve e perdoada perante o Senhor. Eu estava caminhando em direção ao meu futuro marido vestida da justiça de Cristo e ciente da profunda e importante unidade que aquela noite traria.

Meu vestido branco não representava uma vida de pureza. Não representava uma noiva jovem e corada de vergonha que havia esperado para conhecer os mistérios da intimidade reservada para a noiva e para o noivo. Meu vestido branco não representava uma virgem nascida de novo. Representava, sim, uma cristã nascida de novo (Jo 3.1-15). Deus me buscou, salvou, fez-me nova criatura e deu-me uma viva esperança (1Pe 1.3).

E, mesmo assim, ainda hoje, eu penso no meu passado e me arrependo. Lembro-me das minhas imprudências e sinto vergonha. Isso nunca foi apontado a mim pelo meu amado marido, então, por que a luta?

Eu acho que, em parte, pode ser pelo fato de eu compreender a gravidade da imoralidade sexual. As Escrituras advertem que nenhum impuro sexualmente terá lugar no reino de Deus (Ef 5.5). Mateus diz que, se um homem sequer olhar com intenção impura, no coração, já adulterou com ela (Mt 5.28). Até mesmo Paulo, um homem chamado ao celibato, instrui os coríntios a não se privarem do sexo dentro dos limites do casamento – a tentação à imoralidade sexual é extremamente grande (1Co 7.1-5).

Eu não sou definida por esse antigo e desgastado pecado. Eu não preciso andar com medo e com vergonha. Eu fui aceita pelo meu marido e, o mais importante, fui aceita pelo meu Senhor.

No entanto, acho que existe algo além da vergonha que sinto vindo furtivamente do meu interior. Quase sempre vem depois de eu ter lido um artigo ou uma mensagem que adverte esta geração a respeito da gravidade do pecado sexual. Eu concordo com muita coisa daquilo que leio, mas, então, em algum momento, me pego pensando que não serei capaz de amar plenamente o meu marido ou que uma mulher não se entrega à luxúria. Minha cabeça começa a queimar quando essa brasa é colocada e penetra em meu crânio (Rm 12.20). É difícil ser uma mulher com um passado pecaminoso, especialmente um de natureza impura. Espera-se que nós sejamos puras e imaculadas. Além disso, a maioria das tentações relacionadas ao pecado sexual é atribuída aos homens. Então, nós não somos apenas pecadoras; somos também bem anormais (pelo menos, ao que parece). Nós já não somos semelhantes às mulheres – somos como os homens.

Paulo, outra vez, nos ajuda em seu discurso aos coríntios: "Não vos sobreveio tentação que não fosse humana" (1Co 10.13a). A tentação do pecado sexual não é exclusivo aos homens. Jesus sabe que isso é verdade. Quando ele andou na terra, ele interagiu com prostitutas, confrontou a mulher adúltera e, depois, morreu por elas – e por você e por mim.

Aqui está mais uma boa notícia: "Deus é fiel e não permitirá que sejais tentados além das vossas forças; pelo contrário, juntamente com a tentação, vos proverá livramento, de sorte que possais suportar" (1Co 10.13b). Ainda hoje você se pega lutando diariamente contra a tentação do pecado sexual. Há como se livrar. Você pode dizer não para o pecado. Você não tem de cair no pecado sexual. Se você tem o Espírito de Deus, você tem força para se virar e correr na direção oposta.

Se você luta contra a vergonha do pecado *perdoado*, mas colocou a sua esperança na obra concluída – ó, obrigada, Senhor, por ela estar concluída – por Cristo, então, você não tem que temer o castigo. Não tem que andar envergonhada. Não deve almejar um testemunho diferente como se Deus não dissesse: "Pois *todos* pecaram e carecem da glória de Deus" (Rm 3.23). Cristo levou tudo sobre si no momento em que foi pendurado naquela cruz. Você não tem de sofrer o seu próprio castigo – ele o fez em seu lugar.

Eu vesti branco no dia do meu casamento e vestiria outra vez. Eu sou uma nova criatura. A velha criatura morreu. Isso não quer dizer que não seja tentada, mas não sou definida pelo pecado antigo e desgastado. Eu sou nascida de novo – uma cristã.

Além disso, você não deve temer o que o seu futuro cônjuge pensará a seu respeito. Ore para que Deus lhe traga um homem tão apaixonado por Jesus e tão apaixonado pela graça a ponto de ser capaz de vê-la como Deus a vê, vestida com a justiça de Cristo. Ore para o que seu futuro cônjuge conheça a Palavra e o que Deus diz a respeito do pecado, da justificação e da graça. E, então, acredite que o Senhor, que é fiel, cuidará do restante.

Caso seu marido continue a lutar contra a sua história sexual do passado, talvez seja prudente você buscar a ajuda de um pastor ou de um conselheiro capaz de ajudar você e seu casamento.

Detalhar as lutas contra a intimidade pode parecer desolador. Minha amiga compartilha sua história abaixo na esperança de encorajar a sua fé e de lembrar-lhe que existem muitas mulheres passando por essa situação.

A luta (anônima) de uma garota contra a intimidade e a ajuda contínua de Deus

Eu estava apavorada com a noite do meu casamento. Tinha muita atração pelo meu noivo, então você acharia que eu não estaria de outra forma, senão excitada; entretanto, eu sabia que o meu companheiro tinha um passado obscuro com a pornografia. Embora Deus o tenha tirado daquele estilo de vida, eu não era ingênua quanto ao fato de que as suas expectativas relacionadas a como as mulheres eram no quarto haviam sido moldadas por aquilo que ele tinha visto no passado. Fui tomada pelo medo de que eu não estaria à altura dessas outras mulheres e de que ele ficaria muito decepcionado e até mesmo entediado. O medo de que ele me visse nua (embora isso também fosse assustador) não era tão grande quanto o medo daquilo que ele pensaria sobre o meu desempenho, vamos dizer assim.

Apesar de termos tido uma explosão em nossa lua de mel, também houve muito estresse devido a essas questões que nos rodeavam. Eu tenho mais clareza para falar a respeito dessas coisas hoje, mas, no início, nós não tivemos nenhuma conversa proveitosa a respeito do assunto, porque eu não entendia inteiramente as complexidades. Tudo o que sabia é que eu estava realmente assustada.

Quando me lembro disso, acho que havia algumas coisas acontecendo. Meu passado, o qual soaria inofensivo para qualquer pessoa que tivesse vivido uma vida mundana, pode ter me atrapalhado. Eu tive muitos namorados quando pré-adolescente e durante a faculdade. Houve um, no Ensino Médio, a quem me apeguei um pouco mais em relação aos outros. Nesse relacionamento, eu andava na corda bamba da virgindade e cruzava para o outro lado só na teoria, me mantendo virgem. Nosso envolvimento físico era praticamente o único componente do nosso relacionamento. Eu me lembro de querer fazê-lo feliz, mas não queria fazer nenhuma das coisas que ele queria que eu fizesse. Eu o afastava, mas, no fim, cedia. Sentia-me culpada, mas continuei com o relacionamento até o Senhor usar uma amiga para me confrontar, o que me deu coragem para acabar com aquilo.

Eu carrego muitas lembranças daquele relacionamento para o meu casamento. Eu me sinto reprimida de alguma forma, porque aquelas lembranças trazem de volta aquele sentimento doentio do passado com aquele menino. Eu me pergunto se tudo isso se reflete no meu medo de não satisfazer o meu marido e no medo de ter que fazer coisas que não quero fazer a fim de agradá-lo. Meu marido é diferente daquele ex-namorado em todos os aspectos, mas, às vezes, até mesmo os medos irracionais e sem fundamento real podem vir à tona.

A segunda coisa que pode ter contribuído para o meu medo é a maneira como fui educada. Minha família é uma maravilhosa e autêntica família cristã. Um assunto sobre o qual nunca conversamos, entretanto, foi sexo. Simplesmente, era estranho demais. Eu me pergunto se teria tido coragem para conversar com os meus pais a respeito daquilo que estava acontecendo com o meu namorado se tivéssemos conversas regulares sobre sexualidade. No fim, acabei com aquele relacionamento doentio com o meu namorado pelo encorajamento das amigas, porém, meus pais nunca souberam tudo o que havia acontecido. Depois, como uma mulher adulta e casada, eu ainda achava estranho conversar sobre sexo, até mesmo com o meu marido.

E, por último, o meu medo do homem me fez temer. Eu tinha mais medo daquilo que o meu marido achava de mim sexualmente do que, na realidade, de satisfazê-lo ou gozar da intimidade com ele. Eu parecia mais uma garota do Ensino Fundamental que não consegue sair e dançar porque presume, de modo errôneo, que todos estão olhando para ela com o intuito de fazer piada a cada movimento errado.

Hoje, eu não acho que superei por completo os meus medos. Porém, percorri um longo caminho. Sinto que meu marido e eu fizemos um enorme progresso quando ficou claro para nós o quanto aquele relacionamento com o meu namorado do Ensino Médio havia me impactado. Meu marido lutou contra a frustração no decorrer dos cinco primeiros anos de nosso casamento, porque eu era muito nervosa, hesitante e reservada sexualmente. A única conclusão que ele pôde chegar era que eu não me sentia atraída por ele, o que não era o caso. Quando nos demos conta de algumas das causas dos meus problemas, ele se motivou e se fortaleceu para ter paciência comigo. A paciência dele e a ausência de tensão, com o passar do tempo, me ajudaram a relaxar e a focar nele. Isso também ajudou a me lembrar de que ele é um homem completamente diferente daquele fantasma do meu passado e de que eu posso ter novas lembranças com o meu marido. Também tenho orado por essas coisas. Não vejo uma mudança imediata, mas, mesmo assim, continuo pedindo ajuda a Deus. Olhando para trás, consigo ver um progresso enorme em nossa intimidade.

Pornografia no casamento

Anteriormente, compartilhei como as mulheres podem sentir medo de não atender às expectativas no quarto simplesmente porque são virgens, e a ideia de pular do zero para o cem na noite de seu casamento parece intimidadora. Essa tentação de ter medo de não corresponder às expectativas no quarto é comum, porém, hoje, muitas mulheres podem ter concorrência nessa área contra a qual elas nunca imaginaram que teriam de lutar. Não, não é outra mulher em pessoa; ao contrário, são imagens insanas que aparecem na tela, roubando de muitos homens a alegria da real intimidade e prazer. Trata-se da pornografia, e ela é outra causa de ansiedade entre as mulheres. A invasão da pornografia e a desastrosa tentação e forte aderência que ela tem sobre os homens (e as mulheres) é surpreendente. Vou ser honesta: acho difícil conseguir entender realmente o grande número de pessoas que não só luta contra a pornografia mas também é seduzido por ela. Existem 40 milhões de usuários regulares de pornografia nos Estados Unidos.[1] Enquanto eu sento e digito, tenho de parar, cobrir minha boca e conter as lágrimas. Certo escritor a nomeou de "a nova droga".[2] Os cientistas determinaram inúmeras razões para esse vício – sendo a principal o fato de que a excitação sexual é viciante.[3] Nós também estamos cientes de que essa epidemia in-

---

[1] Morgan Bennett, "The New Narcotic," *The Public Discourse*, 9 de Outubro de 2013, http://www.thepublicdiscourse.com/2013/10/10846/?utm_source=RTA+Bennet+Part+One&utm_campaign=winstorg&utm_medium=email.
[2] Ibid.
[3] Ibid.

feliz arruinou muitos casamentos. Os homens estão lutando para se estimularem com suas esposas, e as esposas acabam se sentindo desvalorizadas e confusas.

Se você concluiu que não consegue competir com a pornografia, bem – você está certa. Ninguém consegue competir com um cenário completamente falso. Nada daquilo que é feito é a realidade (ou o possível prazer) da verdadeira intimidade. Então, o que a mulher deve fazer quando teme não atender às expectativas das necessidades de seu marido devido à proliferação da pornografia? A seguir, estão algumas ideias.

Tenha pensamentos verdadeiros. Conforme mencionei anteriormente, o texto de Filipenses 4.8-9 nos ajuda de várias maneiras e em várias circunstâncias. A não ser que seu marido tenha confessado que está sendo tentado pela pornografia, não presuma que ele tenha essa luta. Você não deve, de forma alguma, ler este capítulo e presumir que seu esposo está entre a maioria. Existem, de fato, homens que *não* lutam contra o uso da pornografia.

Busque conselho. Se você tiver descoberto que seu cônjuge está tendo problemas com a intimidade sexual porque ele tem hábitos pornográficos, uma boa opção pode ser buscar conselho com um pastor fiel que pode ajudar a direcioná-la quanto ao próximo passo. Não há dúvida de que você teve grandes perdas – a perda da confiança, a perda da fé, a perda da esperança. Em seu livro – *When Your Husband Is Addicted to Pornography*, Vickie Tiede compartilha a sua história de traição e esperança. Por meio de sua experiência pessoal, ela relembra a leitora de que: "Não importa se você passou por pequenas ou tremendas perdas; elas são reais e significativas em sua vida. Encare-as e se permita sofrer, sabendo que existe alguém que entende e sente a sua dor".[4] Você não tem que se lamentar sozinha.

Lembre-se de Deus. Em toda a nossa conversa sobre o medo, nosso único e verdadeiro socorro em tudo isso é nos lembrarmos de Deus. Deus tem o poder para libertar seu marido dessa tentação, e Deus tem o poder para reavivar em você a fé genuína para a intimidade. Ele pode fazer isso. O pastor John Piper oferece um pouco de esperança:

> Além do mais, nós sabemos, por experiência, que não somos escravos dessas poderosas alterações pornográficas em nosso cérebro. Eu não as subestimo. A julgar pelos efeitos contínuos, mesmo com meus mais de 60 anos, das minhas tolices de adolescente, eu experimentei o espantoso poder permanente dos antigos padrões pecaminosos. Contudo, nós não somos cavalos nem mulas que só podem ser controlados com freios e cabrestos (Sl 32.9).[5]

Lembre-se: Deus é capaz de fazer muito mais do que podemos sequer imaginar.

---

4 Vickie Tiede, *When Your Husband Is Addicted to Pornography* (Greensboro, NC: New Growth Press, 2012), 22.
5 John Piper, "Hijacking Back Your Brain from Porn," *Desiring God*, October 15, 2013, http://www.desiringgod.org/articles/hijacking-back-your-brain-from-porn

Capítulo 8 — Por que podemos confiar em Deus

Alguma vez já lhe disseram para confiar no Senhor? Eu sei que já. Na verdade, me disseram isso muitas vezes. E eu sei que disse o mesmo para outras pessoas também. É fácil soltar frases como "Confie em Deus", mas por que deveríamos confiar? O título deste livro é *Medos do coração*. Nós temos discutido os detalhes de nosso medo. Não há dúvida de que todas nós temos medo em uma área ou outra (muitas, como eu, provavelmente, em muitas áreas). No entanto, quero voltar a nossa atenção agora para aquele que concede a ajuda da qual nós necessitamos não apenas para enfrentar os nossos medos mas também para descansar no meio deles. Descanso pode requerer, em primeiro lugar, arrependimento e, depois, confiança, mas antes de chegarmos lá, precisamos saber por que podemos confiar em Deus. Por isso, nós voltamos agora a nossa atenção para Deus. E a fim de termos fé para confiar em Deus, nós precisamos saber quem ele é. Parte da fé que esperamos obter provém do temor do Senhor.

Eu vou explicar, no capítulo 9, o que significa temer ao Senhor, porém, vamos seguir adiante e definir alguns termos para nos ajudar a começar.

Salomão começa o livro de sabedoria com uma peculiar afirmação: "O temor do Senhor é o princípio do saber, mas os loucos desprezam a sabedoria e o ensino" (Pv 1.7). Essa afirmação me parece como a questão da galinha e do ovo. O que vem primeiro: O saber? A sabedoria? O temor do Senhor? É realmente possível conhecer a Deus e não temer-lhe? A definição dos termos realmente faz a diferença.

O saber refere-se ao correto entendimento sobre o mundo e sobre si mesma como criaturas do grandioso e amoroso Deus. A sabedoria é a habilidade adquirida de aplicar tal saber de maneira correta.[1] Nós queremos *adquirir* o saber, o qual nos dará um entendimento correto sobre o mundo. E, no caso deste livro, estamos adquirindo um entendimento a respeito de quem Deus é e de seus caminhos à luz de nossas circunstâncias. Portanto, antes de podermos temer ao Senhor (assunto para o qual passaremos em breve), nós temos que conhecer a Deus, e conhecê-lo significa mais do que simplesmente saber que existe um Deus. J. I Packer explica: "Como faremos isso? Como podemos transformar nosso conhecimento *sobre* Deus em conhecimento *de* Deus? A regra é simples, mas rigorosa. Devemos transformar cada verdade aprendida sobre Deus em assunto de meditação *diante de* Deus, conduzindo-nos à oração e ao louvor *a* Deus".[2]

---

1 *ESV Study Bible*, ed. Wayne Grudem (Wheaton, IL: Crossway, 2008), note on Proverbs 1:7.
2 J. I. Packer, *O Conhecimento de Deus* (São Paulo, SP: Cultura Cristã, 1973), 17, ênfase da autora.

Em outras palavras, para conhecer Deus, nós temos que meditar na verdade dele. Ele se revela em sua Palavra. É lá que o encontramos e o conhecemos. O conhecimento de Deus, por fim, transforma o conhecimento de todas as coisas. Então, nós podemos olhar para as estrelas e adorar ou aprender sobre os vasos sanguíneos e temer ao Criador. No entanto, com certeza, não podemos fazer nada disso sem primeiro conhecer Deus.

Desde o dia em que o meu filho nasceu, conto a ele que Deus criou o mundo e o deu para nós. Eu tive dois abortos antes de o meu filho nascer, por isso me vejo constantemente agradecendo a Deus por ele. Quando bebê, claro, meu garotinho não conseguia responder de verdade. Mas então, em torno dos quatro anos, ele finalmente compartilhou seus pensamentos sobre Deus, o que me surpreendeu. Ele disse: "Eu não acredito em você. Onde ele está? Eu não acho que Deus seja real". Veja, meu filho também conhecia dragões, super-heróis, criaturas estranhas com diversas cabeças, e o Thomas, a locomotiva, que falava com ele através da tela da televisão. Ele sabia que eles não eram reais; sabia que eram personagens. No entanto, eles pareciam muito mais reais para ele porque ele os *via*. O que eu percebi naquele momento é que o Senhor teria de prover ao meu filho a fé para *acreditar* que Deus é real, e não apenas algo abstrato e imaginário sobre o qual a sua mãe gostava de falar.

Acho que nós podemos ser como o meu filho. Nós ouvimos as pessoas falarem sobre esse Deus; nós mesmas podemos até falar dele. No entanto, nós realmente sabemos quem ele é? E, caso saibamos, *acreditamos* nisso no íntimo de nossos corações? Tiago nos diz que até mesmo os demônios creem e tremem (Tg 2.19).

O crer apenas não é o que nos dá a certeza de que Deus é quem ele diz ser. Mesmo como cristãs nascidas de novo, nós nunca conheceremos Deus o suficiente. E, vamos ser honestas: durante aqueles momentos terríveis de medo e pavor, quase sempre nós nos esquecemos dele. Essa é razão por que é bom sermos lembradas de quem Deus é.

O que é Deus?

O Breve Catecismo de Westminster nos diz que "Deus é espírito, infinito, eterno e imutável em seu ser, sabedoria, poder, santidade, justiça, bondade e verdade". Deus é tão grandioso, tão magnífico, tão maravilhoso em tudo aquilo que ele é e faz. Como Packer eloquentemente escreveu: "Semelhantemente a nós, ele é pessoal; mas, diferentemente de nós, ele é *grande*".[3] Existem livros e mais livros escritos a respeito do caráter e atributos de Deus. O que eu escrevo aqui não será de todo abrangente. Existe alguma forma de verdadeiramente esgotarmos nosso entendimento de Deus? Longe disso. Eu não tentarei abordar cada aspecto de nosso Pai (ainda que sua paternidade seja outro atributo); em vez disso, vou compartilhar aquelas características dele que acho que nos ajudarão nos próximos capítulos. Essas características incluem, mas não são limitadas à sua soberania, sabedoria, amor e bondade.

No entanto, antes de seguirmos para tais características, devemos concordar que Deus não é como nós. Deus é santo, ou separado. Ele é completamente puro. Ele é completamente diferente daquilo que nossa mente finita pode imaginar e, apesar de sermos feitas à sua

---

3 Ibid., 76, ênfase da autora.

imagem, ele não se parece em nada conosco (nós podemos nos parecer com ele, mas ele não se parece conosco). No cântico de Moisés, lemos: "Ó Senhor, quem é como tu entre os deuses? Quem é como tu, glorificado em santidade, terrível em feitos gloriosos, que operas maravilhas?" (Ex 15.11). A resposta é: não há outro como o nosso Deus. Deus é glorioso. Deus é magnífico. Deus é qualquer outro adjetivo que você consiga pensar para descrever algo grandioso. Com muita frequência, em nossos pensamentos, subestimamos Deus ao imaginar que ele é como nós. A maneira como pensamos a respeito de Deus é revelada na forma como vivemos, naquilo que dizemos e nas meditações particulares de nosso coração. Deus é mais maravilhoso do que qualquer coisa que possamos sequer imaginar. Sua santidade, para mim, é o fundamento para todos os aspectos de seu caráter.

A soberania de Deus

> Não poderei eu fazer de vós como fez este oleiro, ó casa de Israel? – diz o Senhor; eis que, como o barro na mão do oleiro, assim sois vós na minha mão, ó casa de Israel (Jr 18.6).

> Com Deus está a sabedoria e a força; ele tem conselho e entendimento (Jó 12.13).

As Escrituras emanam grandes detalhes a respeito da soberania e sabedoria de Deus. Esses são atributos que, para muitos, são difíceis de se compreender. A. W. Tozer explica: "Dizer que

Deus é soberano é dizer que ele é superior a todas as coisas, que não existe ninguém acima dele, que ele é Senhor absoluto sobre a criação".[4] Não há outro ser como Deus. Quando entendermos que Deus está governando e reinando soberanamente e que ele é o único Deus, nós poderemos começar a renunciar o nosso controle. O nosso medo nos diz que nós estamos no controle, que *precisamos* estar no controle e nos submeter aos nossos sentimentos. A soberania de Deus nos relembra e reafirma que ele está no controle e que ele é sábio. Os seus pensamentos não são os nossos pensamentos, e os seus caminhos não são os nossos caminhos. Essa é uma boa notícia.

Timóteo precisava dessa notícia para combater o bom combate da fé. Paulo o instrui a permanecer em Éfeso "para admoestares a certas pessoas, a fim de que não ensinem outra doutrina" (1Tm 1.3). Timóteo tinha de confrontar os falsos mestres. Você pode imaginar, por um minuto, que esse seria o seu chamado? Claro, todas nós temos de proclamar a verdade e, quando vemos ou ouvimos alguma mentira, temos de corrigi-la (Ef 4.15). Porém, poucas de nós somos *exortadas* a procurar e corrigir falsos mestres em uma cidade inteira! A beleza desse chamado de Timóteo era o fato de sua motivação e objetivo ser o amor pelas outras pessoas (1Tm 1.5). Todavia, essa era uma tarefa pesada, serviço esse que exigia grande fé.

Ao final do livro de 1Timóteo, Paulo não diz a Timóteo que ele precisa ser corajoso, e não lhe diz para confiar em si mesmo ou que

---

4 A. W. Tozer, *The Attributes of God: Deeper into the Father's Heart*, vol. 2 (Camp Hill, PA: Christian Publications), 144.

ele é capaz de fazer isso. Paulo o relembra de quem Deus é. Timóteo combate o bom combate da fé ao se lembrar que, no tempo certo, ele estará com o "bendito e único Soberano, o Rei dos reis e Senhor dos senhores; o único que possui imortalidade, que habita em luz inacessível, a quem homem algum jamais viu, nem é capaz de ver" (1Tm 6.15-16). Quando Timóteo precisava restabelecer a confiança sobre o compartilhar a verdade, ele era encorajado a se lembrar de que Deus era soberano (governando) sobre aquele momento e de que ele deveria confiar que Deus faria conforme lhe aprouvesse com aquilo que foi compartilhado. O mais importante, Timóteo sabia que aqueles que se opusessem a ele não eram nada comparados a Deus. Ele podia confiar e depender de Deus. Nós também podemos.

> Glorifiquei ao que vive para sempre, cujo domínio é sempiterno, e cujo reino é de geração em geração. Todos os moradores da terra são por ele reputados em nada; e, segundo a sua vontade, ele opera com o exército do céu e os moradores da terra; não há quem lhe possa deter a mão, nem lhe dizer: Que fazer? (Dn 4.34-35).

A sabedoria de Deus

E Deus, que é soberano, *age* por meio de sua sabedoria. E, adivinha? Ele é *todo*-sábio.

O dicionário define sabedoria como "conhecimento obtido pelas muitas experiências de vida, a habilidade natural de compreender as coisas que a maioria das pessoas não consegue compreender, e conhecimento daquilo que é adequado ou razoável: bom senso ou julgamento".[5] Essa é uma compreensão humana de sabedoria. Nós nos tornamos sábias conforme adquirimos entendimento. Fazemos escolhas inteligentes e, portanto, somos sábias. Ganhamos experiência e somos capazes de discernir o que é bom por meio da experiência, logo, agimos de modo sábio. Deus, por outro lado, nunca teve de ser ensinado, nunca teve experiência, nunca teve que ler e estudar. Deus é todo-sábio.

Deus não é apenas todo-sábio; ele também é sábio em tudo o que faz. Nada é feito por Deus à parte de sua sabedoria. O salmista entoa: "Que variedade, Senhor, nas tuas obras! Todas com sabedoria as fizeste; cheia está a terra das tuas riquezas" (Sl 104.24). E nós lemos em Romanos que ele é o único sábio, o único Deus completamente e totalmente sábio: "Ao Deus único e sábio seja dada glória, por meio de Jesus Cristo, pelos séculos dos séculos" (Rm 16.27). Isso não mexe com a sua mente? Deus sempre existiu, e ele faz aquilo que deseja, e faz tudo com sabedoria. Mente em choque! A sabedoria dele significa que ele sabe o que é melhor.

O hino antigo *"God Moves in a Mysterious Way"* [Deus se move de maneira misteriosa], de William Cowper, capta bem a sabedoria de Deus. Nele, Cowper declara a sabedoria dos caminhos de Deus, mesmo em meio aos problemas. Nós não entenderemos completamente os seus caminhos, e a incredulidade falará alto mentiras aos nossos ouvidos a respeito do caráter e da sabedoria de Deus, porém, na hora devida, sua gloriosa vontade se fará conhecida

---

5 *Merriam-Webster Online*, s.v. "wisdom," http://www.merriam-webster.com/dictionary/wisdom.

a nós. Além do mais, Cowper não escreveu o hino porque ele sentia grande alegria em meio ao seu sofrimento. Cowper passou pela depressão, grande dúvida e tentativas de suicídio.[6] No entanto, suas palavras subsistem por meio dos hinos e cultos de adoração. Leia a letra de seu hino:

> Ó Deus, de maneira misteriosa
> Grandes maravilhas operas.
> Tu plantas tuas pegadas sobre o mar
> E andas pela tempestade.
> No profundo das minas insondáveis
> Da destreza que nunca falha,
> Tu entesouras teus gloriosos planos
> E executas teu querer soberano.
>
> Ó santos temerosos, encham-se de nova coragem.
> As nuvens que vocês tanto temem
> Estão cheias de misericórdia e devem romper
> Em bênçãos sobre a sua cabeça.
> Nossa incredulidade é certamente enganosa
> E em vão vasculha as tuas obras.
> Tu és o teu próprio intérprete,
> E tudo esclarecerás.[7]

---

[6] "William Cowper," *Hymnary.org*, http://www.hymnary.org/person/Cowper_W.
[7] William Cowper, "God Moves in a Mysterious Way," *Hymnary.org*, http://www.hymnary.org/text/god_moves_in_a_mysterious_way.

Em meio a grande sofrimento, Jó também afirmou a sabedoria de Deus. Nós temos uma ideia da visão de Jó em relação a Deus quando ele diz: "Sua sabedoria é profunda, seu poder é imenso. Quem tentou resistir-lhe e saiu ileso?" (Jó 9.4, NVI).; e "Deus é que tem sabedoria e poder; a ele pertencem o conselho e o entendimento" (Jó 12.13, NVI).

Se você se lembra da história de Jó, então sabe que ele perdeu tudo. E por "tudo", quero dizer todas as coisas que eram importantes para ele. Jó perdeu *tudo*. No fim de sua história, quando ele se arrepende e entoa grande louvor a Deus, Jó proclama: "Bem sei que tudo podes, e nenhum dos teus planos pode ser frustrado" (Jó 42.2). Jó sofreu demais, e imagino eu que ele tenha ficado confuso. Seus amigos não fizeram um bom trabalho para confortá-lo; Jó até os chamou de "consoladores molestos" (Jó 16.2). No entanto, ele se voltou a Deus e estava convencido da sabedoria do Pai mesmo em meio à grande dor e confusão.

E o que Deus fez? Ele restaurou Jó e seus bens. Ele lhe deu em dobro a criação de animais que possuía anteriormente e lhe deu mais filhos: sete filhos e três filhas. Jó foi reintegrado à sua família e amigos. O Senhor operou de maneira misteriosa. O fim de Jó realça para mim a passagem conhecida de Romanos 8. Eu acho, no fim, que Jó conhecia uma verdade a respeito de Deus que ainda não havia sido proferida:

> Que diremos, pois, à vista destas coisas? Se Deus é por nós, quem será contra nós? Aquele que não poupou o seu próprio Filho, antes, por todos nós o

entregou, porventura, não nos dará graciosamente com ele todas as coisas? Quem intentará acusação contra os eleitos de Deus? É Deus quem os justifica. Quem os condenará? É Cristo Jesus quem morreu ou, antes, quem ressuscitou, o qual está à direita de Deus e também intercede por nós. Quem nos separará do amor de Cristo? Será tribulação, ou angústia, ou perseguição, ou fome, ou nudez, ou perigo, ou espada? (Rm 8.31-35).

Deus não faz nada em sua vontade soberana que não seja sábio e amoroso, o que nos leva a outro atributo de Deus – o seu amor.

O amor de Deus

Aqui está mais uma boa notícia: Nós não servimos a um Deus que é apenas soberano e sábio. Ele *também* é infinitamente amoroso. O amor de Deus é incompreensível. Nós não podemos decifrá-lo, e quando tentamos comparar o nosso amor ao amor de Deus, ficamos terrivelmente aquém.

Nós já ouvimos dizer que Deus é amor. E, embora seja totalmente verdadeiro, isso causa certa confusão. Você não pode e não deve dizer que Deus é somente amor e sem ira, ou que Deus é somente ira e sem amor. Tudo o que ele é e faz é justo. Enquanto leio a Palavra de Deus e penso em seus atributos, como tenho feito nestes capítulos, muitas vezes me pego parando e me unindo a Davi para dizer: "Tal conhecimento é maravilhoso demais para mim:

é sobremodo elevado, não o posso atingir" (Sl 139.6). Quando penso sobre o amor de Deus, quase sempre sou tomada pelo pavor. Eu fico maravilhada por seu amor ter, por fim, se manifestado na morte de seu único filho, e fico maravilhada em saber que em tudo o que ele faz, ele ainda é amoroso. Eu, muitas vezes, comparo o meu amor ao dele, e o meu amor fica imensamente distante. Então, o que é o amor de Deus, e como eu o percebo?

Em primeiro lugar, Deus ama tudo o que criou. No princípio, ele providenciou tudo aquilo de que nós necessitaríamos; ele o criou e disse que era muito bom (Gn 1.31). Quando Adão e Eva caíram em pecado (isso não surpreendeu a Deus; ele é onisciente), ele os castigou de forma justa pela sua desobediência, porém, por causa de seu grande amor, ele os vestiu (Gn 3.21), um prenúncio da vestimenta que todos aqueles que creem recebem por intermédio de Cristo. Deus cuida até mesmo dos pássaros do céu (Mt 6.26). Essas são manifestações do amor de Deus. E, como D. A. Carson coloca: "Todas as manifestações de amor de Deus emergem da realidade mais profunda e fundamental: o amor está intrínseco à própria natureza de Deus. Deus é amor".[8]

Vamos explorar essa conhecida passagem bíblica da qual pegamos a descrição "Deus é amor". Em 1João 4, há um chamado para os cristãos amarem uns aos outros. João explica que o amor não provém de nós. Se amamos, é porque somos "[nascidas] de Deus" e "[conhecemos] a Deus" (v. 7). E, depois, João diz: "Aquele que não ama não conhece a Deus, pois Deus é amor" (v. 8). Deus é amor. Tudo aquilo que sabemos a respeito de Deus está ligado,

---

8 D. A. Carson, *The Difficult Doctrine of the Love of God* (Wheaton, IL: Crossway, 2000), 39.

de uma maneira ou de outra, ao seu amor. Ele nos ama com um amor eterno, um amor que começou antes da fundação do mundo (Sl 103.17; Ef 1.4). Como expõe certo comentário: "Deus é amor" significa que ele se entrega continuamente aos outros e busca o benefício deles.[9] Todo ato sábio segundo a sua soberania misteriosa é um ato de amor.

Nós temos que entender isso quando buscamos dar sentido às nossas vidas e quando buscamos entender Deus por completo. Deus nos dá pequenos sinais de seu inacreditável amor, e a maior prova disso se dá por meio do sangue de Cristo. "Nisto consiste o amor: não em que nós tenhamos amado a Deus, mas em que ele nos amou e enviou o seu Filho como propiciação pelos nossos pecados" (1Jo 4.10). Esse é um amor que jamais seremos capazes de decifrar em sua totalidade. O evangelho é onde o Senhor escolhe demonstrar plenamente o seu amor. Deus amou o mundo e entregou o seu filho para salvá-lo (Jo 3.16). O evangelho nos motiva a confiar no Pai. Nós sabemos que ele ama, e ele provou o seu grande amor ao enviar o seu filho perfeito para morrer a morte de um pecador. Durante nossos momentos de medo, podemos nos lembrar de que somos amadas e perdoadas, e podemos descansar nele.

A bondade de Deus

Seria possível dizer que se Deus é amor, então ele também deve ser bom? Eu acho que sim. No começo do Salmo 107, a comunidade entoa: "Rendei graças ao Senhor, porque ele é bom, e a

---

9 *ESV Study Bible*, ed. Wayne Grudem (Wheaton, IL: Crossway, 2008), note on 1 John 4:8.

sua misericórdia dura para sempre" (v. 1). Por que eles estão dando graças? Eles estão dando graças porque o seu amor dura para sempre. Por que o seu amor dura para sempre? Ele dura porque ele é bom. Ele é um Deus bom – ele não consegue separar a sua bondade do seu amor. Conforme já escrevi, o amor não quer dizer que ganharemos todas as coisas que desejamos e que não passaremos por privações. Quase sempre, o amor de Deus não se parece em nada com o que você e eu esperaríamos ou imaginaríamos, porém nós sabemos que todas as coisas cooperam para o bem daqueles que amam a Deus, daqueles que foram chamados para um propósito (Rm 8.28). O que ele faz é bom e coopera para o bem de outras pessoas. Deus até mesmo nos assegura de que ele terminará a boa obra que começou porque ele é bom e fiel (Fp 1.6).

Como temos consciência da nossa própria pecaminosidade, é difícil pensar que possa existir alguém que seja verdadeiramente bom. Você e eu duvidamos da bondade dele porque queremos pensar a seu respeito segundo os padrões humanos. Nós precisamos nos lembrar de que ele é puro; nele não há trevas (1Jo 1.5). Deus *é* bom. No entanto, ainda há outra razão por que você e eu podemos descansar e confiar nele: ele não age e nunca poderia agir contrário à sua bondade. Se Deus é amor, então todas as coisas a seu respeito também são boas.

Implicações para nós

Nós analisamos a soberania, a sabedoria, o amor e a bondade de Deus. Agora, o que fazemos com esse conhecimento? Nós não adquirimos conhecimento apenas pelo conhecimento em si, pois isso ensoberbece (1Co 8.1). Aprendemos sobre Deus para adorar-lhe e temer-lhe da maneira correta. Nós tememos a ele *porque* o conhecemos – conhecimento esse que é íntimo e iniciado por ele.

Esse conhecimento, que leva à confiança em Deus, abrange todo aquele saber e crê que o mesmo é verdadeiro, e coloca-os em prática por meio da oração e da confiança. É sábio confiar no Senhor. Lembre-se daquele versículo em Provérbios 1 a respeito do temor do Senhor: "O temor do Senhor é o princípio do saber, mas os loucos desprezam a sabedoria e o ensino" (v. 7). A sabedoria refere-se ao conhecimento, especificamente, à Palavra de Deus.

E aquilo que fazemos determinará se nós tememos ao Senhor, mas o que é o "temor ao Senhor"?

CAPÍTULO 9

O TEMOR DO SENHOR

Alguns capítulos atrás, mencionei que retornaria para a mulher de Provérbios 31. Eu já sei que muitas pessoas estão cansadas dela, e você pode até estar se contorcendo diante da ideia de ler *qualquer coisa* a respeito dela. Dei uma palestra recentemente na qual compartilhei determinadas percepções que obtive sobre esse poema encontrado em Provérbios. A resposta à palestra foi encorajadora e um pouco repetitiva. Muitas mulheres expressaram algo como: "Eu tenho tido receio de ouvir palestras sobre a mulher de Provérbios 31. Não consigo estar à altura dela. Depois de ouvir você falar, acho que me sinto mais encorajada a estudá-la outra vez". Eu não compartilho isso para me gabar. Tenho certeza de que não profiro as palavras da maneira que gostaria. A verdade é, a mulher de Provérbios 31 tem sido idolatrada, o que é extremamente ruim. Ela tem sido usada e abusada. Porém, não se preocupe; não falarei apenas sobre o quão excelente ela é. Eu creio que o Senhor tem alguma coisa para nós nesses textos, e não é uma lista do que fazer. Portanto, se você me emprestar o seu ouvido – ou neste caso – os seus olhos – acredito que o Senhor pode ter algo para você também.

Então, por que se importar pensando sobre ela? Estou pensando em uma coisa que é a Palavra de Deus. Em 2Timóteo 3.16-17, Paulo nos diz: *"Toda* a Escritura é inspirada por Deus e útil para o *ensino,* para a repreensão, para a correção, para a *educação* na justiça, a fim de que o homem de Deus seja perfeito e perfeitamente habilitado para toda boa obra". Deus diz que suas palavras são úteis. Isso significa que mesmo se a "mulher virtuosa" tiver sido usada e abusada, a Palavra de Deus ainda permanece verdadeira. A mulher é um modelo para o qual devemos olhar; ela se encontra em um livro dedicado a ensinar a sabedoria. No entanto, não cometa o erro de fazer dela a sua pequena "deusa" e não se esforce para ser como ela em detrimento das demais coisas presentes nas Escrituras, exagerando, consequentemente, em sua própria condenação quando você falhar. Nós não queremos fazer isso. Nós podemos e devemos, entretanto, olhar para o exemplo dela, em especial, quando isso se relacionar ao temor do Senhor.

A mulher de Provérbios 31, também conhecida como "mulher virtuosa" ou "esposa excelente", é nobre. Ela tem respeito por seu marido; é digna de confiança e bondosa; é corajosa; toma iniciativa; trabalha duro com as mãos; trabalha dentro e fora de casa; é sábia e respeitada. Ela também é generosa e atenciosa. Ela é feliz por causa de seus filhos, e seus filhos a elogiam.

Todavia, mesmo com todas essas características que a tornam definitivamente excelente, o que precisamos perceber é que o aspecto mais importante da mulher de Provérbios 31 não é o que ela faz, mas a quem ela adora. O texto de Provérbios 31.30 diz que ela é uma mulher que teme ao Senhor. Esse é o clímax do poema inteiro. Não é o fato de ela ter feito tudo na vida com perfeição; não é o fato de ela fazer qualquer coisa. O clímax do poema é o fato de ela temer ao Senhor. Isso nos relembra de que a beleza é passageira e vã, mas a mulher que teme ao Senhor será louvada.

Nós vemos esse mesmo tema em 1Pedro 3.3-6. Pedro, escrevendo aos cristãos nas províncias romanas da Ásia Menor, instrui as mulheres:

> Não seja o adorno da esposa o que é exterior, como frisado de cabelos, adereços de ouro, aparato de vestuário; seja, porém, o homem interior do coração, unido ao incorruptível trajo de um espírito manso e tranquilo, que é de grande valor diante de Deus. Pois foi assim também que a si mesmas se ataviaram, outrora, as santas mulheres que esperavam em Deus, estando submissas a seu próprio marido, como fazia Sara, que obedeceu a Abraão, chamando-lhe senhor, da qual vós vos tornastes filhas, praticando o bem e não temendo perturbação alguma.

No primeiro século, joias significavam riqueza. Logo, Pedro está simplesmente dizendo: "Não seja exibida". Deixe o seu adorno ser um espírito manso e tranquilo.

E o que é um espírito manso e tranquilo? É aquele que fundamentalmente confia e teme ao Senhor. Ao descrever uma mulher que possuía um espírito manso e tranquilo, Pedro utiliza o exemplo de Sara, que não temeu coisa alguma que era assustadora. Quem pensaria que muito de nosso caráter feminino estaria relacionado a esse chamando glorioso de temer ao Senhor?

Conforme amadurecemos em nosso entendimento a respeito da bondade e soberania de Deus, que nos concede a armadura de que necessitamos para nos maravilharmos e reverenciarmos ao Senhor ao invés de caminharmos com medo de nossas circunstâncias, nosso íntimo começa a ser transformado, passando da ansiedade para a tranquilidade, da angústia para a mansidão.[1] Conhecer e temer ao Senhor nos traz a paz que o nosso coração almeja.

Contudo, o que significa temer ao Senhor?

O que é o temor do Senhor?

Eu me lembro de que, quando aprendi a respeito da soberania de Deus, comecei a *temer* ao Senhor. Eu me perguntava se Deus era um ditador tirano e ficava assustada – talvez até apavorada – como se Deus fosse derramar aflições sobre a minha vida, e eu não tivesse controle algum. Sei que não estou sozinha nessa luta e má compreensão a respeito do que significa temer ao Senhor. Porém, felizmente, isso não é, de forma alguma, o que o temor do Senhor significa.

João nos diz em 1João 4.18-19 "No amor não existe medo; antes, o perfeito amor lança fora o medo. Ora, o medo produz tormento;

---

[1] Trillia Newbell, "The Feminine Focus," in *Good: The Joy of Christian Manhood and Womanhood*, eds. Jonathan Parnel e Owen Strachan (Minneapolis, MN: *Desiring God*, 2014), electronic book, 40–46.

logo, aquele que teme não é aperfeiçoado no amor. Nós amamos porque ele nos amou primeiro". O medo ao qual João está se referindo aqui é a ira de Deus ou o julgamento final. O meu temor do Senhor não estava fundamentado em pensamentos relacionados ao seu amor por mim como sua filha amada. Pelo contrário, eu me achegava a ele como se a ira que ele havia derramado sobre o seu Filho em meu favor ainda estivesse reservada para mim. Em outras palavras, eu tive dificuldade em conciliar o amor de Deus com as lutas e circunstâncias difíceis que enfrentei, e tive medo de que aquelas lutas fossem indicadores de sua ira. *Eu fiz alguma coisa errada?*, pensava. Essa não é a maneira como o Senhor opera para com aqueles que o amam e o temem. A sua ira foi totalmente satisfeita em Cristo.

Essa é a razão por que, acredito eu, é importante entender que ele é amoroso e bom, tardio em irar-se e abundante em amor. "As misericórdias do Senhor não têm fim" (Lm 3.22).

O temor do Senhor, pelo contrário, pode se manifestar de diversas maneiras, mas, para o nosso propósito, ele deve ser entendido como respeito e reverência a Deus, pois sabemos que "o Senhor é o Deus supremo e o grande Rei acima de todos os deuses" (Sl 95.3). O temor do Senhor começa no coração. A expressão exterior desse temor é a obediência, a comunhão e a adoração. Grande é o Senhor e digno de ser louvado. A resposta à sua excelência é prostrarmo-nos em adoração: "Vinde, adoremos e prostremo-nos; ajoelhemos diante do Senhor, que nos criou" (Sl 95.6).

Falando de maneira prática, o temor do Senhor é demonstrado na obediência. Durante as vezes que sou tentada a pecar, mas não peco, não é por causa de uma inclinação natural a fazer o bem; na verdade, Paulo falou corretamente quando disse que, quando desejamos fazer o bem, o pecado está logo à porta, batendo (veja Rm 7.21). Eu obedeço ao Senhor porque tenho o seu Espírito, e desejo honrá-lo. Eu temo a ele.

Temer ao Senhor não é ter pavor dele. É adorá-lo. Prestar-lhe culto. Honrá-lo. É colocá-lo no lugar que lhe é devido em nosso pensamento. O temor do Senhor é, de muitas maneiras, honrar o primeiro mandamento: "Não terás outros deuses diante de mim" (Ex 20.3; Dt 5.7); e honrar o grande mandamento: "Amarás o Senhor, teu Deus, de todo o teu coração, de toda a tua alma e de todo o teu entendimento" (Mt 22.37). Nossa resposta ao nosso Criador é o júbilo, a gratidão e o temor reverente. "Por isso, recebendo nós um reino inabalável, retenhamos a graça, pela qual sirvamos a Deus de modo agradável, com reverência e santo temor; porque o nosso Deus é fogo consumidor" (Hb 12.28-29).

Capítulo 10

Quando os medos se tornam realidade

Foi algo inesperado e rápido, embora tenha parecido uma eternidade. O telefone tocou: "Sua irmã está no hospital". A princípio, eu não fiquei extremamente preocupada. Disse para o meu marido que parecia sério, mas eu tinha certeza de que ela receberia alta. Momentos depois, outra ligação: "A situação não parece boa". Algumas horas mais tarde: "Ela morreu".

Eu mal tive tempo de processar a realidade do que havia acabado de acontecer. Isso foi há dois anos. Era aniversário dela – ela tinha 40 anos - e foi para a eternidade. É desnecessário dizer que aquela noite e as semanas seguintes foram difíceis. Eu fui incumbida de arrumar e cuidar das coisas que devem ser feitas quando uma pessoa amada morre, o que eu jamais havia pensado que precisaria fazer tão cedo. Minha irmã mais velha teve um coração que parou, falhou e lhe tirou a vida, e nós todos ficamos com o coração despedaçado. Meu medo da perda e da morte prematuras, que eu esperava que jamais acontecessem, estava se tornando realidade.

Nós sabíamos que ela estava doente, mas tínhamos a esperança da cura.

No decorrer dos últimos dois anos, eu lamentei a morte dela de diversas maneiras. Houve momentos de uma esperança incrível. Eu sei que, um dia, a morte será tragada. Sei que a morte já foi vencida por causa do nosso Salvador. A verdade desses versículos me fazem ansiar pelo céu, antecipando o dia quando não haverá mais lágrimas nem angústia, mas, em vez disso, alegria para todo o sempre. Esse dia está chegando e será glorioso. E houve dias quando minhas lágrimas conseguiriam encher um rio. Eu choro a nossa perda. Fico sem palavras. Sim, tenho esperança, mas ainda sinto um peso indescritível, então, não tento explicar. Simplesmente choro.

Certa vez, uma pessoa disse que, se você viver tempo o suficiente, *passará* por provações. O cristianismo não promete tranquilidade; pelo contrário, Deus promete o perdão e nos concede descanso, misericórdia e graça. Em sua bondade, Deus também nos adverte que as provações virão. E algumas delas, de fato, podem ser os seus piores medos se tornando realidade. Conforme compartilhei no capítulo 4, alguns desses medos se tornaram realidade para mim. Quando isso acontece, o que fazer? Deus ainda é bom? Como eu concilio a soberania dele com as provações da minha vida? Como pode o temor do Senhor trazer conforto e paz quando os medos da sua vida acontecem?

Você confiou e esperou, contudo, continua solteira; você casou, mas alguns meses depois, perdeu seu marido. Você cuidou muito de seu corpo durante toda a sua vida, raramente fica doente, então pega o que acredita ser um resfriado, vai ao médico e descobre que está com câncer ósseo. Você educa seus filhos em um ambiente estável e amoroso, ensina-lhes as Escrituras, então eles crescem, e o seu filho ou a sua filha se torna o filho pródigo. Você tem um problema financeiro e perde a sua casa. Essas não são conjunturas imaginárias ou simples ilustrações. São histórias de provações de amigas minhas, pessoas que conheço pessoalmente e que passaram por dificuldades apesar de todas as tentativas de viver de determinada maneira (como ter um estilo de vida saudável, ensinar a Palavra para os filhos, esperar por um casamento). Apesar de todas as situações serem muito diferentes, e cada uma merecer atenção especial, tudo requer um nível de confiança no Senhor capaz de vir somente do Espírito. Embora eu esteja estudando para ser conselheira, não o sou, e algumas dessas situações podem ser mais bem tratadas por um profissional especializado. No entanto, sei que todas nós temos a mesma Bíblia e o mesmo Deus gracioso a quem clamar durante os momentos de angústia. A minha oração é para que os capítulos anteriores concedam a resposta para as perguntas que surgem em meio aos seus medos se tornando realidade.

    Conhecer a Deus e a sua Palavra nos permite enfrentar nossos medos com fé. Nós sabemos que Deus é real. Enquanto o sol se põe, desvanecendo por detrás das nuvens e deixando uma nuance do raio vermelho que ilumina o céu, não há dúvidas de que Deus é o Criador transcendente do universo. Paulo nos diz que os atributos invisíveis de Deus, a saber, o seu eterno poder e natureza divina, são claramente percebidos desde a criação do mundo, portanto, somos indesculpáveis. Ninguém é capaz de verdadeiramente negar a existência de Deus. A criação proclama a majestade e as poderosas obras de Deus. A criação de Deus anuncia a sua glória – sendo ainda outra lembrança de que ele é separado, santo e majestoso.

Além disso, como Deus é diferente de nós, podemos confiar plenamente nele. Junto com sua criação, o Pai também revela a si mesmo por meio de sua Palavra. No Salmo 19, o povo de Deus celebra a lei (a Torá) como a revelação suprema de Deus. A Palavra do Senhor é perfeita, restauradora e revigorante para a alma. Ela permanece para sempre. O escritor do livro de Hebreus nos lembra de que toda a Escritura é útil e perfeita:

> Porque a palavra de Deus é viva, e eficaz, e mais cortante do que qualquer espada de dois gumes, e penetra até ao ponto de dividir alma e espírito, juntas e medulas, e é apta para discernir os pensamentos e propósitos do coração. E não há criatura que não seja manifesta na sua presença; pelo contrário, todas as coisas estão descobertas e patentes aos olhos daquele a quem temos de prestar contas (Hb 4.12-13).

A Palavra é viva, eficaz, cortante, penetrante e discernente. Ela revela as intenções do nosso coração. Os cristãos experimentam tal revelação de seus corações e uma conscientização de sua depravação no momento de sua salvação e ao longo de sua caminhada cristã. Quando nós compreendemos a santidade e majestade de Deus, bem como as ordens de sua lei perfeita quando comparadas à nossa pecaminosidade, não podemos deixar de discernir nosso erro e falhas morais, como fez o salmista (Sl 19.12-13). Como Isaías, nós nos humilhamos e gritamos: "Ai de mim! Estou perdido! Porque sou homem de lábios impuros, habito no meio de um povo de impuros lábios" (Is 6.5).

E, no final, o salmista ofereceu um sacrifício de palavras aceitáveis e meditações. Você e eu, com frequência, podemos tentar oferecer nossos próprios sacrifícios de boas obras, esforçando-nos para obter o favor de Deus. No entanto, não temos mais que oferecer sacrifícios, pois o sacrifício de Jesus pagou o preço. Jesus é o amigo dos pecadores. Jesus, o Filho de Deus, morreu, cumprindo tanto a lei quanto as promessas de sua vinda. Nós agora podemos receber a sua graça e entoar o Salmo 19 em celebração à sua perfeição e redenção.[1]

Entretanto, nós não podemos cantar – não somos capazes de conhecer verdadeiramente toda a plenitude que Deus tem e é para nós – se nós, em primeiro lugar, não nos banquetearmos na Palavra. Não queremos esperar até nossos medos se tornarem realidade. Queremos nos preparar agora. Você pode ler livros e mais livros, mas é somente na Palavra de Deus que ele é realmente revelado, e é nela que ele lhe concede as ferramentas para enfrentar as tragédias.

Porquanto Deus é um Deus generoso e amoroso, ele também concede o seu Espírito e o seu Filho para nos confortar. Paulo nos assegura acerca desse conforto:

---

1 Trillia Newbell, "Creator, Redeemer, Friend," in *ESV Women's Devotional Bible*, © 2014 by Crossway.

> Bendito seja o Deus e Pai de nosso Senhor Jesus Cristo, o Pai de misericórdias e Deus de toda consolação! É ele que nos conforta em toda a nossa tribulação, para podermos consolar os que estiverem em qualquer angústia, com a consolação com que nós mesmos somos contemplados por Deus. Porque, assim como os sofrimentos de Cristo se manifestaram em grande medida a nosso favor, assim também a nossa consolação transborda por meio de Cristo. Mas, se somos atribulados, é para o vosso conforto e salvação; se somos confortados, é também para o vosso conforto, o qual se torna eficaz, suportando vós com paciência os mesmos sofrimentos que nós também padecemos. (2Co 1.3-6)

Assim como eu, você, em algum momento da vida, passará pela perda (se já não passou). Se viver o bastante, será inevitável que alguém a quem você ame muito passe para a eternidade, e você ficará lamentando, sofrendo e suportando uma provação para a qual pode ou não estar completamente preparada. Embora a morte traga uma luta e dor ímpares, ela não será a única provação que você suportará. No entanto, você não estará sozinha. Jesus será o seu conforto: "Porque, assim como os sofrimentos de Cristo se manifestaram em grande medida a nossa favor, assim também a nossa consolação transborda por meio de Cristo" (2Co 1.5).

Cristo andou pela terra de modo perfeito em nosso favor,

mas as Escrituras nos relembram de que ele não caminhou sem dificuldades. Eu não estou me referindo à maior das batalhas por ele suportada (a cruz). O autor de Hebreus diz: "Porque não temos sumo sacerdote que não possa compadecer-se das nossas fraquezas; antes, foi ele tentado em todas as coisas, à nossa semelhança, mas sem pecado" (Hb 4.15). Jesus foi tentado 40 dias por Satanás (Mc 1.12-13). Isaías, profetizando a respeito do Senhor, compartilha que Jesus, nosso perfeito Salvador, foi desprezado e rejeitado pelos homens; ele foi homem de dores e que sabia o que era padecer (Is 53.3). Jesus conhece o sofrimento. Ele entende as dores do homem.

Nós sabemos que o seu maior sofrimento foi, de fato, o sofrimento da cruz. Em seus últimos momentos na cruz, o evangelho de Marcos o registra dizendo: "Eloí, Eloí, lamá sabactâni?", que quer dizer: "Deus meu, Deus meu, por que me desamparaste?" (Mc 15.34). A sua dor e o seu sofrimento tinham um propósito – a redenção do mundo. Ele suportou grande dor, dor essa que mal posso imaginar, dor e ira em meu favor.

Nós partilhamos os sofrimentos de Cristo por amor ao seu nome. No entanto, também recebemos o conforto da parte dele por meio de seu Espírito e por causa do evangelho. Felizmente, nós temos um Salvador que se relaciona com nosso sofrimento. Jesus está ciente e familiarizado com a dor do homem. Ele conhece a minha dor e a sua dor. E ele quer confortá-la hoje, fazendo-a saber que você não está sozinha. Ele está com você, intercedendo inclusive agora.

Conforte-se com o conforto já recebido

Existe algo reconfortante em saber que você não está sozinha em uma batalha. As Escrituras nos chamam a nos confortarmos com o conforto que já recebemos. A dor e o sofrimento de Jesus tiveram um grande propósito, e a nossa dor e o nosso sofrimento também servem a um propósito. Como Paulo fala aos coríntios, um dos muitos propósitos do sofrimento é que, por meio dela, nós possamos, neste momento, nos confortar com o conforto que já recebemos da parte de nosso Senhor.

Neste capítulo, quero lhe apresentar algumas histórias de mulheres cujos medos se tornaram realidade e a maneira como o Senhor as sustentou durante esses momentos difíceis. Essas histórias ministraram a mim enquanto me imaginava em situações semelhantes. As histórias me lembram de que o Senhor está perto e de que posso clamar a ele em qualquer momento de necessidade.

Donna: a perda do marido

Meu nome é Donna Mitchell. Minha família e meus amigos próximos me chamam de DJ, e o meu falecido marido também me chamava assim.
Eu tenho 54 anos de idade. Estava casada com Richard há vinte e três anos, dois meses e vinte e três dias quando ele morreu em um acidente de carro no dia 30 de janeiro de 2004. Ele tinha 44 anos. Esta-

va dirigindo tarde da noite, adormeceu ao volante e bateu de frente com um veículo de 18 rodas. Ele morreu no mesmo instante. O caminhão caiu em um barranco, mas, felizmente, o motorista conseguiu sair.

Quando uma tragédia como essa acontece, tenho descoberto que *preciso* começar a procurar pela mão de Deus nessa situação, bem como por sua misericórdia. O chefe do meu marido (e grande amigo) e sua esposa foram até a minha casa às 3h da madrugada para darem a notícia a mim e ao meu filho, que tinha 16 anos na época. Eu liguei para outra amiga da igreja que morava perto, e ela veio ficar comigo também. Nossos amigos levaram a mim e ao meu filho a Chattanooga para darmos a notícia às minhas duas filhas, com, então, vinte e vinte e dois anos de idade. Eu me lembro de orar durante toda a viagem e creio que Deus me deu uma visão de mim mesma, sentando-me, abraçando os meus joelhos, cabisbaixa, mas na palma de sua destra poderosa. Eu estava devastada, embora soubesse que estava nas mãos de Deus e que todas as coisas pelas quais estava passando haviam sido cuidadosamente peneiradas por suas mãos.

Há uma paz indescritível proveniente de andar com o Senhor na adversidade. (Deus estava me puxando a maior parte do tempo.) Richard era cristão, e eu tenho grande conforto por saber que o verei outra vez algum dia. Uma das minhas maiores alegrias era vê-lo adorar na igreja, então, hoje, quando estou triste, lembro-me de como ele está adorando no céu.

Faz 11 anos que Richard partiu para estar com o Senhor. E, embora os anos não tenham sido fáceis, Deus permanece fiel. Desde essa época, os três filhos concluíram a faculdade, e eu consegui voltar para faculdade e concluí-la também. Era algo que o meu marido sempre quis que todos nós fizéssemos. Deus me mostrou que ele é o meu provedor. Ele me mostrou o que é o corpo de sua igreja e como ele sustenta a todos nós por meio de seus fiéis. Eu agradeço a Deus frequentemente pelos amigos que caminharam ao meu lado durante essa provação. Há homens na igreja que caminham junto com o meu filho e o orientam. Os solteiros e o pessoal da mocidade ajudam na minha casa fazendo trabalhos. Eu tenho consultoria financeira e jurídica de homens da igreja que voluntariaram seu tempo. Eu poderia falar muito mais coisas. Vejo isso como uma maneira prática de que Deus está cuidando de mim. As palavras não podem expressar a minha gratidão a ele pela maneira como ele me amadureceu e me abençoou através dessa tragédia. Ele é quem diz ser.

Anônimo: a filha e a pornografia

Quando se trata de educar meus filhos pequenos, tenho muitos medos. Todos os "e se" podem ser muito opressivos quando considero minha inexperiência, falta de sabedoria, meu próprio pecado e a destruição do mundo onde vivemos. Contudo, o Senhor foi (e continua sendo) bom ao ministrar a mim durante a minha fraqueza. A temível perspectiva de criar meus filhos em nossa cultura obcecada pelo sexo é uma área na qual Deus tem demonstrado a sua misericórdia a mim em meus medos. Quando leio as estatísticas perturbadoras a respeito das crianças e sua exposição à pornografia, sinto-me como se minhas entranhas se revirassem de dentro para fora.

Meus medos e a bondade de Deus colidiram certa tarde, e a sua misericórdia prevaleceu. Eu saí de nossa sala de jantar, fui cuidar do meu bebê no quarto e voltei alguns minutos depois para descobrir que minha filha do secundo ano do ensino Fundamental havia aberto um navegador de internet no meu laptop e iPad, e feito uma busca por imagens ilícitas. Mais tarde, ela me disse que havia seguido a ideia de sua melhor amiga (outra menina de sete anos de idade), que tinha admitido para a minha filha o fato de que vinha assistindo a uns "beijos estranhos" no iPad dela antes de seus pais acordarem todas as manhãs. Como resultado de sua absoluta curiosidade, minha filha decidiu que tentaria fazer uma busca no Google também, apenas para ver o que aconteceria. Quando me dei conta da gravidade de tudo, percebi que exatamente aquilo que eu temia havia acabado de acontecer em uma questão de minutos enquanto eu estava no quarto ao lado. Era muito para aguentar – corri para o banheiro para vomitar e chorar. Supliquei ao Senhor por ajuda: "Tenha misericórdia, Deus, elas só têm sete anos! Ajude, ajude! Proteja essas bebês!"

Quando saí do banheiro, peguei meu iPad e examinei o histórico de busca. Minha filha tentou pesquisar no Google a frase que a amiga dela lhe disse, mas inúmeras vezes ela não conseguiu escrever aquelas palavras fáceis da maneira correta. Toda a busca que ela tentou fazer tinha falhado porque ele não escreveu as palavras apropriadamente, e eu percebi como a misericórdia de Deus havia triunfado. Até hoje, eu me humilho quando me lembro daquela tarde, pois vi que o Senhor é poderoso para salvar e libertar as pessoas indefesas. Ele protegeu a minha doce garotinha quando eu estava distraída. Recordar sua bondade soberana me leva a render-me perante ele, arrependida de minha idolatria por controlar tudo e dos medos resultantes dessa perda de controle.

Nikki: medo do homem e um casamento sobre a Rocha

Voltando para 2001, 12 anos atrás. Eu tinha 20 anos de idade e muito medo do homem: insegura quanto à minha aparência física, constantemente me comparava às outras mulheres e nunca me sentia amada. Estava em meu primeiro relacionamento sério, o qual era repleto de ciúme e raiva provenientes do meu próprio coração. Eu ficava com ciúmes se uma garota bonita se sentasse próximo a nós em um restaurante, e furiosa se o meu namorado sequer lançasse um olhar na direção dela. Apesar de ser uma cristã madura, eu era obcecada com o que os outros pensavam a meu respeito e dominada pelo medo de não ser suficiente.

Embora eu claramente lutasse para confiar na identidade e no valor que tenho em Cristo, achava simples confiar nele em outras áreas mais penosas. Por exemplo, eu estava pronta para mudar de país para umas das áreas mais perigosas do mundo a fim de compartilhar o evangelho. Se morresse como mártir, ganharia Cristo! Não é bizarro? Eu me sentia tranquila quanto à morte, mas não conseguia descobrir como confiar em Cristo quanto ao medo do homem! Na realidade, estava confiando em Cristo na maioria das áreas, sendo desafiada na Palavra, responsável para com meus amigos e estava "fazendo tudo certo", embora, de tempos em tempos, ainda me entregasse ao medo pecaminoso do homem.

Meu namoro terminou após meu namorado ter aguentado o suficiente de meus ataques furiosos de ciúme e insegurança. Alguns anos mais tarde, encontrei o meu futuro marido. Consegui esconder meu medo do homem por algum tempo, porém, no fim, ele veio à tona durante o nosso noivado. Os mesmos medos com os quais eu havia lidado anteriormente saltaram do meu coração e tomaram forma de ciúme pungente e de raiva descontrolada. Eu explodia e, depois, me desculpava inúmeras vezes. Foi um tempo sombrio em nosso relacionamento.

Mas, Deus...!

Durante nosso primeiro ano de casamento, meu marido insistiu para buscarmos um conselheiro bíblico juntos. Eu estava me sentindo bem ao exigir que meu marido me cumprimentasse constantemente. Tal postura era motivada pelo meu medo de que ele encontrasse outra mulher mais atraente ou interessante. Eu morria de medo de que ele me traísse com alguém mais alta e com um corpo mais cheio de curvas. Mesmo ele nunca tendo me dado razão alguma para acreditar que essas coisas aconteceriam, o medo sombrio estava profundamente sedimentado em meu coração. Não importava o que o meu marido fizesse ou dissesse; o medo estava lá e não sairia tão cedo.

Então, nós começamos a nos encontrar com um conselheiro bíblico que, rapidamente, chegou ao cerne do problema. Medos irracionais. Como cristã, quem eu tinha de temer? Deus ou o homem? Era muito fácil para mim ter medo do homem. Era natural. Mas confiar em Deus em todas as circunstâncias, até mesmo quando eu me sentia feia e desprezível? Parecia impossível! As coisas que eu via como defeitos eram inúmeras: meu nariz era muito grande, meu corpo muito pequeno, meu cabelo muito liso, minhas pernas muito finas, minha voz muito nasalada – apenas para citar alguns deles. Como eu poderia confiar no Senhor quando tudo o que eu conseguia focar parecia uma grande e repulsiva desordem?

Além do aconselhamento, o meu marido e eu orávamos juntos, líamos livros e artigos juntos e desenvolvíamos nossa confiança um no outro. Foi um processo lento, mas eu comecei a confessar os meus sentimentos de medo quando eles aconteciam. Comecei a aprender como conter tais sentimentos antes de saírem do controle. Uma vez contidos, pude confrontá-los com a espada mais afiada de dois gumes – A Palavra de Deus! Eu combatia: "Ela é mais bonita do que você, e o seu marido notará" com "Não temas, porque eu sou contigo; não te assombres, porque eu sou o teu Deus; eu te fortaleço, e te ajudo, e te sustento com a minha destra fiel" (Is 41.10). De repente, meu coração voltou a estar focado em Deus em vez de estar focado em mim mesma! Depois, eu podia ver uma mulher magra exibindo o seu corpo maravilhoso na frente do meu marido. Antes, eu concluiria precipitadamente que ele a devia estar cobiçando. No entanto, agora, eu pregaria 2Timóteo 1.7 para mim mesma: "Porque Deus não nos tem dado espírito de covardia, mas de poder, de amor e de moderação" e confiaria no meu marido (que rapidamente olhava para mim e me tranquilizava).

No terceiro ano de casamento, a minha luta contra o medo do homem era praticamente inexistente. O Senhor havia utilizado a sua poderosa Escritura, um marido fiel e o aconselhamento bíblico para me mudar. Nosso casamento era marcado pela alegria e paz em vez de raiva e ciúme.

No oitavo ano, ainda existe uma pontada de insegurança, mas o estandarte geral da minha vida é confiar no Senhor. Que vitória maravilhosa, e eu não posso reivindicar glória alguma para mim mesma. Eu era a pecadora mais confusa com problemas enraizados muito profundamente. Por causa disso, gosto de olhar para trás, para os últimos 12 anos da minha vida, e ver a clara evidência da inacreditável obra do Senhor. Se fosse por mim mesma, eu ainda estaria lutando contra as mesmas inseguranças antigas e, provavelmente, em um nível ainda mais profundo. Contudo, Deus tinha outros planos, e por isso eu sou eternamente grata.

Katie: a vida de solteira e o medo do futuro

O medo do futuro desconhecido atormenta muitas pessoas. Como uma mulher solteira, eu não estranho isso. Especificamente, eu tenho estado muito ansiosa diante da ideia de ficar sozinha e ser independente para o resto da minha vida. Logo no início do Ensino Médio, lembro-me de ter medo de que, um dia, o Senhor me chamasse para ser solteira. Eu estava aterrorizada com a possibilidade de, um dia, ter de confiar em mim mesma para todas as coisas. Naquele estágio da vida, eu costumava ser dependente de outras pessoas. Eu tinha pais e irmãs mais velhas em quem confiava para tudo. Não conseguia imaginar estar, um dia, por minha própria conta sem alguém para me proteger e sustentar. Lembro-me de noites em que orava desesperadamente para que o Senhor me deixasse casar ainda jovem.

Uma vez graduada no Ensino Médio e tendo entrado na faculdade, aprendi como me tornar mais independente. Entretanto, sempre vi minha independência como algo temporário. Eu esperava que, quando me formasse na faculdade (ou pouco tempo depois), estivesse casada. Eu teria de contar comigo mesma apenas por alguns anos. E, mesmo assim, eu não era totalmente independente, pois meus pais ainda me sustentavam financeiramente.

Sim, eu estava aprendendo sobre a independência em alguns aspectos, mas era confortada pelo fato de ainda confiar em outras pessoas.

A faculdade acabou sem um casamento, então comecei o seminário solteira. Durante esse tempo, eu tive que me tornar ainda mais independente, porém, ainda visualizava tal condição como um status temporário. Eu tinha certeza de que, em breve, estaria casada. Contudo, enquanto se aproximava o fim do seminário, parecia que a vida de solteira a longo prazo faria parte do meu futuro. Fui praticamente mutilada pelo medo quando percebi que poderia estar por minha própria conta o resto da vida. Ainda me aterrorizava diante da ideia de ser completamente independente e ter de confiar em mim mesma para tudo. Muitas amigas minhas estavam se casando, logo, o medo e a solidão se tornaram ainda mais reais. Por toda a minha vida, tive a esperança de, um dia, ter um marido amoroso em quem pudesse confiar quanto à proteção e a provisão. Eu estava amedrontada com o fato de o meu futuro reservar somente escuridão, tristeza e solidão. Eu jamais me sentiria completa. Jamais me sentiria segura. Jamais me sentiria importante ou amada.

Desde a minha graduação no seminário, em 2010, o Senhor tem me ensinado algo grande em relação à vida de solteira. Ele vem me mostrando que, na verdade, isso é um dom maravilhoso e gracioso da parte dele. Ele me permitiu compreender e acreditar verdadeiramente que ele está sempre comigo e prometeu nunca me deixar. Ele prometeu cuidar de mim. Prometeu ser minha proteção e provisão. Ele me fez completa por meio de seu Filho, Jesus Cristo, e, com graça, deu-me o poderoso conforto nele. Hoje, eu tenho essa grande paz em minha vida de solteira e até mesmo estímulo para ver como ele a utiliza. Eu não sou mais incomodada pela ideia de estar comigo mesma pelo resto da minha vida. Não estou mais aterrorizada por ser independente. Pelo contrário, sei que a minha independência é realmente a minha total dependência de Deus para todas as coisas das quais necessito.

Claro, nem todos os meus medos cessaram. Eu ainda tenho algumas inquietações por não saber, de fato, o que o futuro reserva. Posso não ser mais mutilada pelo medo de nunca me casar, mas ainda existem medos que penetram o meu pensamento quanto a ser solteira a longo prazo. Isso quer dizer que terei de ficar em meu emprego atual pelo resto da minha vida? Isso significa que o Senhor me chamará para fazer algo totalmente fora da minha zona de conforto? Eu serei realmente útil para o reino sendo solteira como aquelas que são casadas? Ou, e se Deus, por fim, me chamar para o casamento? Estarei tão acostumada com a minha independência que não serei capaz de ser uma esposa submissa? Apesar desses medos persistentes, ao final do dia, eu opto por confiar na soberania do Senhor. Opto por confiar nele quando ele diz que completará aquilo que começou em mim (Fp 1.6). Opto por confiar em sua promessa de que todas as coisas que acontecem em minha vida são verdadeiramente para o meu bem (Rm 8.28). Opto por confiar em sua promessa de suprir todas as minhas necessidades (Lc 12.22-31). E, acima de tudo, eu opto por glorificá-lo em todas as circunstâncias com o propósito de derramar a sua luz e a sua verdade neste mundo caído e destruído.

Lindsey: a perda de uma amiga e o medo da rejeição

Eu temo fazer amizades porque passei por um rompimento depois de dizer, sem intenção, algo doloroso a uma amiga querida. Apesar das minhas desculpas e arrependimento, minhas palavras não puderam reparar o dano que havia sido feito. As coisas simplesmente não foram iguais. Ele seguiu o caminha dela, e eu, o meu, e a separação despedaçou o meu coração. Por causa desse mal-entendido, da minha estupidez e da rejeição dela, eu me tornei uma pessoa medrosa em todas as minhas amizades.

O medo de desapontar, ferir ou perder outra amiga

me fez construir muros de autoproteção ao redor do meu coração. Eu evitava a autenticidade e a vulnerabilidade com amigas de longa data, porque tinha medo de me expor demais, medo de estragar tudo e medo de ser mal-interpretada. Por fim, eu tinha medo de me machucar novamente, então eu rejeitava as outras pessoas antes que elas me rejeitassem.

Proteger a mim mesma provou ser um esforço solitário. Eu sentia falta de ter o amor e o apoio de amigas e de estar envolvida em suas vidas. Sentia falta de saber como orar por elas e do conforto de saber que estavam orando por mim também. Acontece que eu não consegui viver por trás dos muros que havia construído. Por meio da dor, o Senhor me ensinou que a amizade é um risco que vale a pena, não porque as pessoas são dignas de confiança, mas porque ele é digno de confiança. Mesmo quando eu me machuco, ele redime todas as coisas. Uma vez que ele me chamou para ter comunhão com outros cristãos, devo lutar contra todo o medo que me afasta de investir em relacionamentos. Quando eu não posso consertar um relacionamento, quando sou ferida ou rejeitada, ainda há esperança. É possível confiar em Deus para lutar por uma restauração no relacionamento mesmo quando as pessoas não estão dispostas a isso. Eu sei que é possível confiar em Deus para redimir os relacionamentos mais conturbados, porque ele enviou o seu Filho para redimir alguém confusa como eu. Porque Cristo sofreu a pior dor, o meu sofrimento no relacionamento é um convite para ter comunhão com Cristo. Minha dor é uma oportunidade para glorificar a Deus enquanto passo pelo conflito e sofrimento. Por causa do evangelho, meu pior cenário não é mais a rejeição ou a perda de amigas. Eu posso confiar na soberania de Deus em meus relacionamentos, logo, não tenho nada a temer.

Essas são histórias de espera, perda e medo. Você pode não experimentar essas lutas e provações específicas, mas elas não edificam a sua fé para enxergar a fidelidade de Deus na vida de pessoas reais? Essa é a vida real, amigas. Você não está sozinha por causa do nosso Deus; e você não está sozinha, pois muitas pessoas vieram antes de você com suas próprias dores. Essas mulheres estão ansiosas por compartilhar suas histórias com você a fim de proclamar Jesus e confortá-la com o conforto que receberam.

Eu mencionei que a Palavra de Deus ajudará a nos guiar e proteger quando nossos medos se tornarem realidade. No entanto, nós sabemos que muito daquilo que tememos pode nunca acontecer. Como disse anteriormente, seus medos podem ser o resultado de um cenário que você criou em sua imaginação. No momento, em meio ao medo paralisante, ele pode parecer muito real. Então, como podemos lutar contra tais medos que se tornam realidade apenas em nossa mente? Utilizando a Palavra como seu guia e escudo, Megan compartilha como ela perdeu seu marido em sua mente certa noite e como o Senhor a confortou.

Megan: a noite em que Rob morreu

Eu estava lavando os pratos. A cada tilintar do garfo na faca, a cada chiado da esponja no vidro, eu, esperançosamente, imaginava a batida da porta do carro na garagem escura, a virada da chave na porta da frente, a grande mistura de lama no capacho. Porém, os pratos brilhantes estavam empilhados, quentes e úmidos, e eu continuava sozinha.
Onde ele estava? Ele estava morto?
Eu sempre tive medo de perder o meu marido, e nessa noite não foi diferente. Na parte de dentro da minha aliança de casamento estavam escritas as palavras "herdeira com Rob", uma referência a 1Pedro 3.7: "Maridos, vós, igualmente, vivei a vida comum do lar, com discernimento; e, tendo consideração para com a vossa mulher [...], porque sois, juntamente, herdeiros da mesma graça de vida". Desde o dia em que meu pai e pastor nos pronunciou como marido e mulher, eu acreditei que havíamos recebido a graça da vida. No entanto, eu também me lembrava constantemente do "até que a morte nos separe", e pelos últimos nove anos, também estou familiarizada com essa verdade. Em meio à vida juntos, nós estávamos mortos.

Eu nunca poderia imaginar a vida sem ele, meu marido, amante, amigo e irmão. E, a cada criança que chegava em nossa família, meu medo de sua morte aumentava. Com três meninos pequenos escondendo-se debaixo dos cobertores, a minha necessidade do meu marido chegava ao desespero.

Quando Rob não chegava em casa como havia prometido, quando não atendia o telefone, quando o relógio dava os minutos e a escuridão surgia, eu me aprofundava cada vez mais no medo. Tinha medo do acidente de carro que havia deixado recentemente outra mulher de pastor viúva, do súbito ataque cardíaco que levou o marido com então 32 anos de idade da minha amiga, das inundações repentinas, das balas e dos trens de carga, que não conseguiam sinalizar a sua aproximação, mas que sempre deixavam nomes no jornal, tudo do mesmo modo.

Eu terminei de lavar os pratos e deixei a água escoar da pia, pendurei a toalha e peguei minha Bíblia com os dedos enrugados pela água.

E se ele estiver morto, Senhor? E se ele nunca passar por aquela porta? O Senhor ainda será bom para mim?

E o Espírito, aquele a quem Jesus chama de "o Consolador", voltou meu coração para o texto de Romanos 8.38-39: "Porque eu estou bem certo de que nem a morte, nem a vida, nem os anjos, nem os principados, nem as coisas do presente, nem do porvir, nem os poderes, nem a altura, nem a profundidade, nem qualquer outra criatura poderá separar-nos do amor de Deus, que está em Cristo Jesus, nosso Senhor". Nem a vida, nem a morte.

Se o meu marido estivesse morto, tudo mudaria. Essa graça particular da vida – com jantares, longos abraços e oração compartilhada – acabaria. E mesmo assim, mudaria menos do que eu poderia imaginar. Eu ainda estaria unida a Cristo. Ainda seria amada por meu Pai.

Mas por que, Senhor? Por que o Senhor o deixaria morrer?

E outra vez, o Espírito me fez recordar um texto. Eu virei as páginas até encontrar 1Pedro 1.6-7: "Nisso exultais, embora, no presente, por breve tempo, se necessário, sejais contristados por várias provações, para que, uma vez confirmado o valor da vossa fé, muito mais preciosa do que o ouro perecível, mesmo apurado por fogo, redunde em louvor, glória e honra na revelação de Jesus Cristo". Se necessário.

Eu me lembro da forma como o meu irmão, enfrentando uma provação, rompeu em lágrimas: "Deus não teria feito isso se existisse uma maneira mais fácil". A morte do meu marido não seria um ato insensato de um Deus negligente. A morte do meu marido aconteceria somente se necessária. Necessária para a glória dele. Necessária para o meu bem.

Certa vez, protegendo-se de um tornado, meu filho de quatro anos orou: "Querido Deus, eu não estou pedindo que o Senhor nos mantenha a salvos. Estou pedindo para fazer o que é certo". Na minha cozinha silenciosa, tomei a oração dele emprestada.

Eu não estou pedindo que Rob esteja vivo. Estou pedindo o que é certo. E se essa provação for necessária, eu a tomarei de sua mão e confiarei no fato de que o Senhor me demonstrará alguma bondade nela.

Anos depois, eu frequentemente penso naquela noite. Eu a chamo de "A noite quando Rob morreu", embora ele ainda esteja bem vivo. Por fim, ele entrou e deu uma explicação sobre o trânsito, crise pastoral, ou não me lembro o quê.

Rob não morreu naquela noite, mas o meu medo de sua morte, sim. E recentemente, certo dia, achei que tivesse perdido não o meu marido, mas o meu filho. Ele estava lá, e, a seguir, não estava. Embora eu tenha caminhado todo o perímetro daquele campo de futebol por três vezes, procurando um nariz sardento e um camiseta amarela, eu não consegui encontrá-lo. Meu coração hesitava, mas o Espírito estava lá também, e eu conversava comigo mesma enquanto caminhava, repetindo, a cada passo dado, até encontrar o meu garotinho: *se necessário. Se necessário. Se necessário.*

Quando os seus medos se tornam realidade, você deve se lembrar de Jesus. Ele não a deixou sozinha para enfrentar a tempestade. Isso não quer dizer que não haverá tempestade, mas sim que ele estará com você ao passar por ela. Em meio às provações desta vida, eu sempre me lembro de Jesus no barco com seus discípulos. É uma história conhecida e se encontra em Marcos 4.35-41. Os discípulos subiram no barco e partiram pelo Mar da Galileia. Este era conhecido por suas tempestades repentinas e violentas.[2] Então, quando a tempestade se aproximou, trouxe ondas fortes o suficiente que quebravam e inundavam o barco. Os discípulos estavam aterrorizados. Jesus, por outro lado, dormia. Ele não estava preocupado com o mar tempestuoso. Seus discípulos, entretanto, o acordaram em frenesi, dizendo: "Mestre, não te importa que pereçamos?" Jesus decidiu lembrá-los de quem ele era e do motivo pelo qual eles podiam confiar nele. Com uma palavra, ele parou a tempestade: "Acalma-te, emudece!", e eles se encheram de grande temor, mas não mais o medo inadequado por causa da tempestade. Eles, agora, estavam cheios de admiração reverente a Jesus – o Deus-homem – e os discípulos proclamaram: "Quem é este que até o vento e o mar lhe obedecem?" Agora, eles tinham o temor correto.

Durante nossas tempestades, você e eu temos o mesmo Deus que os discípulos tiveram com eles; nós podemos confiar que ele está no barco. Ele pode ou não acalmar a tempestade imediatamente – nós, talvez, tenhamos de suportar grande sofrimento – mas ele não nos deixará. Um dos meus hinos favoritos, "Jesus, Salvador, Guia-me", faz um trabalho magnífico ao captar a

---

2 *ESV Study Bible*, ed. Wayne Grudem (Wheaton, IL: Crossway, 2008), note on Mark 4:37.

verdade da soberania e da bondade de Deus durante as tempestades da vida. Na música, o autor reconhece que as ondas são tempestuosas e clama a Deus com esta letra: O mapa e a bússola vêm de ti / Salvador, guia-me... / Que eu possa ouvir-te dizendo a mim/ Eu a guiarei.[3]

O nosso bondoso, amoroso e soberano Deus nos guiará. O seu amor jamais acabará, e ele é grande em fidelidade. "A minha porção é o Senhor, diz a minha alma; portanto, esperarei nele" (Lm 3.24). Que esse seja o clamor do nosso coração quando os nossos medos se tornarem realidade.

---

3 Wayfarer, "Jesus, Savior, Pilot Me," do álbum *The River*, 22 de Julho de 2012, http://wayfarerseattle.bandcamp.com/track/jesus-savior-pilot-me.

CAPÍTULO 11
CRESCENDO NO TEMOR DO SENHOR

A essa altura, estamos cientes de nossa tendência ao medo e percebemos em quem podemos confiar, contudo, somos levadas a perguntar: como podemos crescer? Quando penso sobre crescimento, de modo geral, me dirijo a determinado versículo: Filipenses 1.6.

Como Paulo fazia frequentemente, ele começa a sua carta à igreja de Filipos com uma oração de agradecimento. Paulo era um grande encorajador. Claro, ele repreendeu algumas pessoas, mas nada daquilo que disse, inspirado pelo Espírito, era resultado de egoísmo. Ele amava com intensidade. Então, o que ele disse para a igreja? Ele disse a ela (e a nós) que estava "plenamente certo de que aquele que começou boa obra em vós há de completá-la até ao Dia de Cristo Jesus". O cristão não é deixado para que cresça por conta própria. Deus o ensinará a temer-lhe. A obra do crescimento no Pai culminará em um temor do Senhor completo, perfeito e repleto de alegria no dia em que você vir Jesus. Você pode e deve buscar ativamente tal crescimento, pela graça de Deus, sabendo que nada do que fará conquistará a sua justa posição diante do Senhor.

Aqui estão algumas maneiras pelas quais você pode, ativamente, buscar crescer no temor do Senhor.

Confissão

Minha amiga e eu sentamos uma de frente para a outra na tentativa de iniciarmos uma conversa que ambas sabíamos que aconteceria somente por um milagre. Nossos filhos pulavam e nos rodeavam enquanto os encorajávamos a comer seus *Chick-fil-A*[1], a comida escolhida pelas mães de crianças pequenas. Quando elas se acalmaram em suas cadeiras e um curto momento de silêncio pairou, eu olhei para a minha amiga e gritei: "Eu preciso tirar essas ideias da minha cabeça". Num piscar de olhos, ela, no mesmo instante, me entendeu.

Todo dia, enquanto trabalho para cuidar dos meus filhos, estou sozinha em casa e quase sempre absorta em meus pensamentos. Da minha cabeça, vêm os pecados que, com frequência, se manifestam quando estou irritada, áspera, impaciente, reclamona e até chorosa. Minha mente é um lugar perigoso – às vezes. Exteriormente, eu posso aparentar estar centrada, enquanto, interiormente, em meus pensamentos secretos, posso ser tentada a sentir medo e ansiedade. Posso cobiçar, posso almejar estar em outros lugares, o que me faz ficar descontente.

Eu posso achar, por vezes, que os meus pensamentos são apenas meus. Ninguém saberá quais são eles, a não ser que eu os conte.

---

1 Rede norte-americana de *fast food* que só trabalha com carne de frango.

Ninguém, exceto eu, pode perceber que estou julgando o motivo de outra pessoa. Ninguém sabe que eu preferiria, neste momento, estar em Paris, saboreando uma xícara de café com leite, em vez de estar varrendo o chão pela centésima vez. Ah, o meu descontentamento está apenas na minha cabeça, eu posso pensar.

Porém, o Senhor os conhece. Ele conhece os pensamentos do homem. Até mesmo a palavra dele discerne os pensamentos e as intenções do coração (Hb 4.12). E, quando eu olho para trás, para uma semana com pensamentos vãos e infrutíferos, eu me alegro por saber que os pensamentos de Deus não são os meus pensamentos (Is 55.8-9).

Contudo, Deus me concedeu o seu Espírito e, pela sua graça, ele santificará os meus pensamentos. Eu posso ser tentada em meus pensamentos, mas não tenho que pecar. Posso tornar meus pensamentos cativos e me revestir da justiça nos lugares secretos da minha alma. E quando ele me salvou, não deixou coisa alguma descoberta ou despida da justiça de Cristo. Ele salva totalmente – até as profundezas da nossa alma e os lugares mais obscuros (Hb 7.25).

Assim, quando confessei meus pensamentos para a minha amiga, eu me alegrei por saber que aquilo que havia sido revelado naquele momento já era conhecido por Deus e já havia sido perdoado por ele. O mesmo acontece com os nossos medos. Em seu livro, *Running Scared*, Ed Welch diz: "Em vez de minimizar nossos medos, descubra mais deles. Exponha-os à luz do dia, porque quanto mais você descobrir, mais abençoado será quando ouvir palavras de paz e conforto".[2]

---

[2] Edward Welch, *Running Scared: Fear, Worry, and the God of Rest* (Greensboro, NC: New Growth Press, 2007), Kindle edition, loc. 229.

A questão é: porque Deus é santo e onisciente, eu devo temer-lhe. No entanto, como eu sei que ele também é amoroso e bom, posso ser sincera e honesta quanto ao meu pecado. A confissão é uma forma ativa de demonstrar a sua confiança e o seu temor do Senhor. Você teme a ele, logo, pode confessar os seus pecados. E como você viu em meu pequeno exemplo, isso são coisas que Deus já conhece; nada o surpreende. Porque você teme a ele e está mais interessada nele, você não tem que ter medo da opinião da sua amiga a seu respeito. Isso não lhe soa como liberdade? Que maravilha! Nós podemos buscar ativamente o temor do Senhor por meio da confissão de nossos pecados umas às outras e receber a graça disponível a nós.

Lembre-se de suas promessas

Porque nós conhecemos a Deus e porque tememos a ele, podemos confiar nele. Existe somente um Deus, e ele é o nosso Pai. Ele revela a si mesmo com clareza em sua Palavra, então é para ela que devemos nos voltar a fim de aprendermos mais a respeito dele e de crescermos no temor do Senhor. Nós vemos as suas palavras escritas em todas os lugares, desde adesivos de para-choques até cartões de aniversário, mas não podemos deixar de notar que elas são palavras de vida e dignas de confiança.

Em *Levando Deus a Sério*, Kevin DeYoung expõe por que nós podemos confiar e crer na Palavra de Deus. Ele diz que a Bíblia fala o que é verdadeiro. A Palavra de Deus exige o que é correto. No entanto, é este terceiro ponto, o mais relevante para mim. Acho que podemos crer na sua Palavra e até acreditar que precisamos obedecê-la. Porém, nós cremos que ela concede o que é *bom*? Ele escreve:

> De acordo com o Salmo 119, a palavra de Deus é o caminho da felicidade (vv. 1-2), o caminho para evitar a vergonha (v. 6), o caminho da segurança (v. 9) e o caminho do bom conselho (v. 24). A palavra nos dá força (v. 28) e esperança (v. 43). Ela fornece sabedoria (vv. 98-100, 130) e nos mostra o caminho que devemos seguir (v. 105). [...] Como povo de Deus, acreditamos que a palavra de Deus é confiável em todos os sentidos para falar o que é verdadeiro, ordenar o que é justo e nos fornecer o que é bom.[3]

A Palavra de Deus é boa e fornece o que é bom para nós. A Palavra de Deus é suficiente para combatermos a tentação e para conhecê-lo. Ele nos deu tudo de que precisamos para a vida e piedade (2Pe 1.3). Nós obtemos sabedoria a partir da Palavra e, como escreve DeYoung: "A palavra do mundo não é como a palavra de Deus. Uma delas é nova e de agora. A outra é antiga e eterna. [...] Mas, se quisermos – e *necessitarmos* – uma sabedoria que está além de nós, fora de nós, e que nunca nos faltará, temos de olhar para as coisas que Deus nos revelou pelo seu Espírito (1Co 2.10)".[4] Por causa dessas coisas, podemos confiar nele e aceitar a sua palavra.

---

[3] Kevin DeYoung, *Levando Deus a Sério: Por que a Bíblia é compreensível, necessária e suficiente, e o que isso significa para você!* (São José dos Campos, SP: Editora Fiel, 2014), 18.
[4] Ibid., 101.

Portanto, podemos descansar e nos lembrar dessas e de muitas outras promessas:

> Como é grande a tua bondade, que reservaste aos que te temem, da qual usas, perante os filhos dos homens, para com os que em ti se refugiam! (Sl 31.19).

> Agrada-se o Senhor dos que o temem e dos que esperam na sua misericórdia (Sl 147.11).

> Ele acode à vontade dos que o temem; atende-lhes o clamor e os salva (Sl 145.19).

> Eis que os olhos do Senhor estão sobre os que o temem, sobre os que esperam na sua misericórdia (Sl 33.18).

Por que toda essa conversa a respeito da Palavra de Deus? Porque na raiz de nosso medo, na raiz de todo o nosso pecado, está a incredulidade. A fim de combatê-la, você e eu devemos crer, e então devemos nos voltar a Deus para pedir-lhe ajuda com relação à nossa incredulidade.

Nossa capacidade de crescer no temor do Senhor está bem ali, em nossa mesa de cabeceira. Nós nos voltamos para a Escritura e aprendemos sobre o Senhor. Eu me vi em uma encruzilhada muitos anos atrás. Ou eu acreditava que aquilo que a sua Palavra dizia a respeito de seus filhos e, o mais importante, sobre ele mesmo, era verdade, ou continuaria a confiar em meus próprios sentimentos, medos e pensamentos. Deus começou a trabalhar uma visão renovada em mim a respeito dele, enraizada naquilo que ele havia revelado sobre si mesmo na Escritura. O que Deus verdadeiramente renovou em minha mente e em meu coração foi o temor dele.

Não temas

Uma maneira de crescer no temor do Senhor não é, de forma alguma, ter medo de outras coisas. Obviamente, nós continuaremos a sentir medo, porém, conforme amadurecemos na confiança em Deus e no temor dele, colocaremos corretamente os nossos medos nele. Começaremos a ter menos medo, e não a ser temerosas. Lembre-se: estamos sendo transformadas de um nível de glória para outro. Estamos sendo transformadas à imagem de nosso Senhor – e é um processo, um processo de crescimento ao longo do tempo (2Co 3.18).

Dependendo da tradução da sua Bíblia, pode existir bem mais de 300 versículos que contenham a frase "não temas". Uma das ocorrências mais populares encontra-se em Isaías 41.10: "Não temas, porque eu sou contigo; não te assombras, porque eu sou o teu Deus; eu te fortaleço, e te ajudo, e te sustento com a minha destra fiel".

Todo o texto de Isaías 41 aponta para a mão soberana de Deus. E então, no meio dele, o Senhor nos lembra de que ele não é somente soberano, mas também amoroso e bondoso para conosco, e por isso nós não precisamos temer. Deus está conosco.

Assim, quando nosso medo do homem parecer maior do que a nossa confiança nele, ou o nosso medo do futuro dominar os nossos pensamentos, ou o nosso medo e comparação nos roubar a alegria, o Senhor nos proclama: "Não temas, porque eu sou contigo". Ele nos lembra de que é o nosso Deus. Ele é um Deus pessoal e íntimo.

Ele nos conhece antes da fundação do mundo e nos teceu no ventre de nossa mãe.

Quando os seus medos lhe dizem que você está sozinha, Deus sussurra: "Eu sou o teu Deus". Ele lhe sustentará. Ele nos adotou como suas filhas. Enviou o seu Filho para morrer por nós. Ele nos ama com amor eterno. Ele fez uma aliança conosco.

Os seus medos lhe dizem que você deve ser forte. Deus lhe diz: "Eu te fortaleço".

Os seus medos lhe dizem que você cairá e fracassará. Os seus medos lhe dizem que você deve unir forças para ser tudo o que acha que o Senhor deseja que você seja, e deve fazer por conta própria. Os seus medos lhe dizem que você não atende às expectativas e jamais o fará. Deus lhe diz: "Eu te sustento com a minha destra fiel".

Os seus medos lhe dirão para sentir medo. Deus lhe dirá: "Não te assombres".

Há um hino antigo que resume esta seção e, na realidade, todo este capítulo: Trata-se de um dos meus hinos favoritos, "Que Firme Fundamento". Esse fundamento é a Palavra de Deus, o fundamento de conhecer o nosso Pai, de forma que possamos confiar e temer da maneira correta.

> Que firme fundamento, ó santos do Senhor,
> É colocado pela fé em sua excelsa Palavra!
> O que mais Ele pode te dizer que não tenha dito,
> Tu, que correste para Jesus para encontrar refúgio?
> Em qualquer situação, na doença, na saúde;
> No vale da miséria, ou na abundância;

Em casa ou longe dela, na terra, no mar,
Como demandam os dias, que sempre haja força.
Não temas, eu estou contigo, não te assombres,
Porque eu sou o teu Deus e te ajudarei;
Eu te fortalecerei e ajudarei, e te susterei
Com minha destra justa e onipotente.
Quando eu te chamar
para passar pelas águas profundas,
Os rios da angústia não transbordarão;
Porque eu estarei contigo,
para teus problemas abençoar,
E para santificar-te em tuas mais profundas dores.
Quando estiveres no caminho flamejante de provações,
A minha graça e plena suficiência a ti concederei;
As chamas não te machucarão; eu só desejo que a
Tua impureza seja consumida, e o teu ouro refinado.
Mesmo em idade avançada, todo o Meu povo provará
Do meu amor soberano, eterno e imutável;
E quando os cabelos grisalhos o templo adornar,
Como cordeiros, em meu seio, ainda hão de brotar.
A alma que em Jesus repousa,
Eu não, não a entregarei aos inimigos;
Essa alma, ainda que todo o inferno
se esforce por ela agitar,
Eu nunca, nunca, nunca a vou abandonar.[5]

---

5 O autor do hino é desconhecido, mas o mais provável é que seja Robert Keene. Consulte http://www.challies.com/articles/hymn-stories-how-firm-a-foundation-free-download.

A paciência de Deus comigo e com você – suas filhas – é tremenda. Ela me lembra, uma vez mais, de seu grande amor por nós. Ele sabe que a santificação é um processo, e é somente pela sua graça que nós crescemos e mudamos. Mesmo com tudo o que eu sei sobre o Senhor e tudo o que tenho aprendido a respeito da natureza do medo, ainda continuo a sentir medo. Contudo, como tenho uma caminhada mais longa na fé, aprendi a tornar cativos os pensamentos consumidores e conducentes ao medo que, certa vez, me levaram ao total desespero. Aprendi a me arrepender mais rapidamente e a me apegar mais a Jesus. Aprendi que, se todos os meus medos viessem a acontecer, eu ainda teria o meu Salvador. Por fim, aprendi que isso significa descansar nas implicações do evangelho, e isso, acredito eu, é crescer no temor do Senhor.

E essa é a minha oração por você. Que essa caminhada, essa jornada cristã, seja verdadeiramente uma caminhada de fé. Pode ser que o Senhor lhe dê, de imediato, a fé para confiar nele durante sua provação, com o seu medo ou em seu vale escuro, ou pode ser que, dia e noite, você continuamente peça por uma nova fé. De ambas as maneiras, o Senhor a ama do mesmo jeito hoje, ontem, amanhã e para sempre. O seu caráter e o seu amor por você não mudam. Ele se dará a você se assim o pedir. Peça ao Senhor para ele se revelar a você.

O pastor e autor Jerry Bridges tornou-se conhecido por dizer que pregava o evangelho para ele mesmo todos os dias, e ele incentivava outros cristãos a fazerem o mesmo. Eu sempre valorizei o seu conselho e foco na suficiência do evangelho. Percebo também que sou esquecida e que *necessito* pregar o evangelho para mim mesma todos os dias. Imagino que você possa passar pelo mesmo tipo de esquecimento que eu. Muitas manhãs, quando acordamos, parece que nos deparamos com inúmeras dificuldades. Acrescente as provações da vida e os medos, e a situação pode ser bastante opressora. Adicione o esquecimento. É por essa razão que eu quero lembrá-la, mesmo agora, do porquê nós podemos correr a Deus com os nossos medos.

Deus é soberano. Ele está reinando sobre o universo. Ele é santo e majestoso – o Deus poderoso em quem nós podemos confiar. Deus não é somente soberano e santo; ele a conhece de forma pessoal e íntima, bem como todas as suas necessidades. Ele sabe aquilo de que precisa antes de você pronunciar uma palavra. Ele sabe aquilo de que necessita quando você nem sequer sabe do que precisa. No entanto, ele não apenas a conhece; ele a ama. O seu amor é puro e eterno. O seu amor é indescritível. Ele a ama com amor eterno e que dá a vida. Ele enviou o seu Filho para morrer por você – eis o quanto ele a ama. Ele é um Deus bom e não tem más intenções. Ele não pode fazer o mal, por isso você pode confiar que ele lhe fará o bem. Portanto, eu me uno a Paulo para perguntar-lhe e lembrá-la:

> Que diremos, pois, à vista destas coisas? Se Deus é por nós, quem será contra nós? Aquele que não poupou o seu próprio Filho, antes, por todos nós o entregou, porventura, não nos dará graciosamente com ele todas as coisas? Quem intentará acusação contra os eleitos de Deus? É Deus quem os justifica. Quem os condenará? É Cristo Jesus quem morreu ou, antes, quem

ressuscitou, o qual está à direita de Deus e também intercede por nós. Quem nos separará do amor de Cristo? Será tribulação, ou angústia, ou perseguição, ou fome, ou nudez, ou perigo, ou espada? (Rm 8.31-35).

Nada pode nos separar de Deus e de seu amor – nem os nossos medos, nem as nossas provações. Nós podemos correr até Deus com confiança por causa de Jesus. Leve os seus medos a ele, aquele que pode levar o seu fardo. Ele quer que você o conheça verdadeiramente. Ele é o único lugar para onde você e eu podemos ir e encontrar descanso. Ele é digno de sua fé e confiança.

Anexo 1

Transtornos alimentares

A história de uma garota com anorexia e a misericórdia de Deus,
por Eva Crawford

Eu fui salva quando nova, cresci em uma família cristã e era envolvida com uma grande igreja. Acreditava em Deus, orava, cantava hinos e buscava obedecer-lhe e agradá-lo. Entretanto, mesmo tendo sido ensinada, eu nunca compreendi, quando jovem, o quão enganoso e depravado era o meu coração (e é!). Eu era uma pequena legalista que sabia as respostas corretas e tinha orgulho disso. Lembro-me, perfeitamente, de estar no Walmart, quando criança, e saber que não era para eu ver as prateleiras de revistas no caixa, porém eu pensava que era madura o bastante para lidar com qualquer assunto abordado por elas. Eu li uma manchete que dizia: "Traição... assassinato" e pensei: *Eu fico tão feliz por não ser tão ruim assim.* A graça não era maravilhosa para mim. Inconscientemente, eu achava que o pecado tinha categorias, e eu simplesmente não era *tão* ruim *assim*. Eu realmente acreditava que era cristã, quando criança, mas eu era muito orgulhosa e hipócrita. Achava a anorexia algo estúpido. "Como uma mulher pode se obrigar a passar fome?", eu questionava.

Conforme me desenvolvia fisicamente (puberdade, etc.), meu desejo por aprovação e meu falso moralismo também aumentavam. Eu acreditava que era capaz de controlar a minha vida, agenda e aparência, e menosprezava aqueles que não tinham o mesmo domínio próprio. Sempre fui ativa e magra, mas, em algum momento, em torno dos quatorze ou quinze anos, minhas tendências voltadas ao desejo por aprovação começaram a me mostrar quanta atenção eu recebia por ser magra, atlética, disciplinada, ter domínio próprio e boa forma física. Quando meu corpo mudou, nos anos da adolescência (apareceram os quadris), comecei a fazer exercícios físicos regularmente para ficar em forma, porém, a minha atividade era alimentada pelo desejo de ser elogiada e bem vista. A possibilidade de ser para lá de obcecada jamais passou pela minha cabeça.

Quando perdi peso, um pequeno nódulo em meu pescoço ficou exposto. Os meus pais me levaram para médicos para verificar o que era, e os médicos acharam que, possivelmente, era um problema com a tireoide. A minha tireoide estava boa, mas o meu coração estava desordenado. Os médicos estavam cientes de que eu estava magra e me perguntaram a respeito, porém eu apenas dei de ombros. O peso continuava a ir embora, e a minha obsessão pelo que eu denominava "saudável", "disciplinada" e "autocontrolada" aumentou ainda mais. Eu estava cega por minha justiça própria em relação à minha escravidão. O foco no exercício físico e a minha resposta ansiosa e raivosa quando não conseguia me exercitar revelaram aquilo que estava guardado em meu coração: eu mesma.

Os então chamados controle e disciplina que eu achava ter alcançado mais do que todos estavam me matando. Minha disciplina e autocontrole alimentaram a justiça própria em relação a qualquer pessoa que não conseguisse ser tão disciplinada quanto eu. Eu tinha 1,77 metro e perdi peso gradualmente ao longo de um período de 10 meses até chegar ao meu peso mais baixo: 41 quilos. Mesmo na profundeza do meu pecado, eu era hipócrita. Lembro-me de pensar: *Que ridículo alguém ser capaz de provocar vômito em si mesmo para perder peso!* Logo, eu nunca segui pelo caminho do vômito, mas, em vez disso, me engajei em exercícios físicos rigorosos e secretos para queimar cuidadosamente as calorias calculadas que eu havia consumido durante o dia. Claro, se eu perdesse um dia ou esquecesse alguns passos, teria de trabalhar dobrado depois para alcançar meu objetivo. Minha mente e meu coração eram consumidos pelo que eu comia e pela forma de eliminar tudo aquilo. Minha idolatria ao "autocontrole e disciplina" me levou a uma escravidão que eu jamais consegui controlar. O pior de tudo, eu estava cega para o que estava acontecendo e ainda me achava melhor do que os outros.

Meus pais, por outro lado, não estavam cegos. Hoje, eu não consigo imaginar como um pai ou uma mãe se sentiria vendo seu filho ou sua filha se matando de fome. Porém, eles não estavam apenas observando ou sendo passivos. Eles cuidaram de mim fisicamente, me levaram a médicos, tentaram restringir meus exercícios físicos, tentaram me fazer ingerir calorias e outras coisas mais. Entretanto, o motivo pelo qual lhes sou mais grata é a forma paciente como eles cuidaram da minha alma durante esse tempo. Eles perceberam a destruição exterior que eu estava fazendo em meu corpo, mas foram mais fundo, porque sabiam que o meu problema era definitivamente uma questão emocional. Nossa cultura diz que tal condição se deve à baixa autoestima ou que as pessoas "ficam com anorexia" (como se tivesse um inseto circundando), mas meus pais foram direto ao meu coração e motivações. Eles, continuamente, apontavam as Escrituras para mim, levavam-me para que eu pudesse me encontrar com um pastor, oravam por mim e levavam outras garotas cristãs que passaram por essa luta para me visitar. É difícil refletir e imaginar a dor, a angústia e o fardo colocados sobre a minha família durante essa época. A paciência deles me surpreende até hoje. Durante essa época, praticamente todos os momentos com a minha família, com ou sem comida, eram incrivelmente desafiadores por causa da minha idolatria, e, de modo geral, eu acabava chorando e ficando com raiva.

Mesmo em meio à negação da minha idolatria, o Senhor fielmente me buscou e convenceu a minha alma do pecado. Eu havia crescido acreditando, de forma sutil, que o Senhor me amava, *porque* eu era uma boa garota. No entanto, minha vida foi caracterizada pela raiva, mentira, tristeza, exaustão, luta e escravidão relacionados à minha idolatria pelo controle. Por meio de diversas pessoas, o Senhor, aos poucos, abriu os meus olhos para a profunda cegueira e engano presentes em meu coração. Antes dessa época, eu me orgulhava por ser sincera, porém, agora, minha vida havia se tornado em uma mentira de alimentos desperdiçados e exercícios secretos. Eu me considerava paciente e boa, mas, agora, ficava furiosa se fosse forçada a comer alguma coisa que não queria. Eu sabia que essas coisas na minha vida estavam erradas embora eu não me importasse, pois estava muito escravizada pelo meu desejo por controle. O Senhor, em sua misericórdia, gentilmente revelou que o deus a quem eu, de fato, estava servindo com minhas atitudes e com minha vida era muito diferente daquele que eu proclamava com a minha boca.

Lembro-me de estar ciente de que eu tinha a escolha de continuar por esse caminho ou confiar no Senhor. Pela primeira vez, fui tocada pela graça de Deus – por que ele me daria uma chance? Ele poderia me deixar morrer; porém, na grande profundeza e falsidade do meu pecado, ele me buscou. Pela primeira vez, eu realmente comecei a ver que a Eva era uma cínica e imoral em relação a ele. Contudo, ele estava disposto a morrer por mim. Apesar de eu ter ouvido isso durante toda a minha vida, eu realmente estava ciente, talvez, pela primeira vez, da profundidade da iniquidade do meu próprio coração e de como até a minha justiça era imunda perante ele. A graça se tornou doce. O evangelho se tornou real para mim como nunca antes. A mudança não foi fácil, mas o Senhor derramou graça mais uma vez. Eu descobri que ele é o único mestre que traz alegria eterna em vez de escravidão.

Eu não podia mais confiar em mim mesma. Estava aterrorizada com o sentimento de perda de controle que, quase sempre, acompanha o ganho de peso. Eu tinha medo de engordar, porém, sabia que, de alguma forma, mesmo que eu não estivesse no controle, existiam a alegria e a liberdade, que eu não conhecia antes, em confiar no Senhor. Aos poucos, dentro de três a quatro meses, eu retornei a um peso saudável. O meu corpo voltou ao normal. As minhas taxas sanguíneas se equilibraram e o meu ciclo menstrual retornou. Os médicos ficaram surpresos com a rapidez em que tudo aconteceu. Verdadeiramente, foi a misericórdia de Deus.

Eu gostaria de poder dizer que estou 100% livre de qualquer preocupação com relação à minha aparência, meu desejo por aprovação e minha justiça própria. Longe disso, ainda há dias quando eu acordo e tenho de questionar as minhas motivações para comer e me exercitar, e o meu trabalho/ controle de mentalidade. É algo contra o qual eu provavelmente tenha que lutar, em determinado grau, pelo resto da minha vida. Quando reflito sobre essa época, quase seis anos depois, é difícil discernir com exatidão o que eu estava aprendendo naquele tempo e onde estou agora, porém, um ponto forte percorre todas as lembranças: a misericórdia de Deus para com uma pecadora como eu.

Uma carta franca às minhas amigas que lutam com transtornos alimentares, por Emily Wierenga

Eu quero que vocês retrocedam 20 anos, quando eu tinha 13 anos de idade.

Sou uma filha de pastor que está em uma sala de hospital com chumaços de cabelo na mão.

Minhas unhas estão lascadas, e você consegue ver o contorno do meu aparelho dentário através das minhas bochechas.

Eu peso 27 quilos.

A sala cheira a lisol. As enfermeiras dizem que estou morrendo.

Eu estava penteando meus cabelos quando eles começaram a cair, e eu tentei pegar todas as partes soltas e colocá-las de volta na minha cabeça.

Hoje, eu comi pela primeira vez em quatro anos – comi de verdade, tudo o que estava no prato, tudo o que colocaram na minha frente – porque, mesmo que eu ainda ache que não sofra de anorexia, sei que isso não é normal.

Ficar roxa por causa de hipotermia, não ser capaz de correr ou levantar objetos e ver suas amigas chorarem quando veem você – não é normal.

Serão necessários mais vinte anos até eu conseguir admitir

que tenho uma doença mental, mas hoje é um começo. Porque eu a vi a caminho do hospital. Uma mulher, correndo, musculosa, a mulher mais bonita que eu já vi. Ela parecia completamente viva.

E eu percebi, então, naquele momento, que sentia fome de algo além da comida.

Estava faminta muito antes de ter recusado a minha primeira refeição.

Eu não tinha ideia do que era a anorexia nervosa. Nós éramos filhos de pastor criados cantando hinos e decorando versículos bíblicos, e educados em casa na comprida mesa de madeira dos nossos pais. A única TV à qual assistíamos era uma em branco e preto que encontramos no lixo. Nós a tirávamos do porão uma vez por semana para assistir à Disney no domingo à noite. Eu não podia fazer aulas de dança ou ler revistas de moda, porque a mamãe, que era nutricionista, achava que elas poderiam impulsionar um transtorno alimentar.

Porém, a escuridão, assim como a luz, vaza pela fresta.

E se nós somos forçadas a negar o nosso pecado desde o dia em que nascemos, nós jamais perceberemos a necessidade do Salvador. Nós apenas nos castigaremos por não sermos o que achamos que deveríamos ser: perfeitas.

Eu sempre fui uma boa menina, era calada exceto quando falavam comigo. Cuidava dos meus irmãos mais novos. Passava horas com meus poemas e minhas fotos, esperando ganhar a atenção de um pai que passava a maior parte do tempo na igreja ou em seu escritório.

Nunca me perguntaram qual era a minha cor favorita. Eu nunca soube qual era até me casar, uma coisa aparentemente insignificante até você perceber que não é só isso – você também não sabe como gosta que o seu ovo seja feito, ou o bife, ou qual é o seu xampu favorito, porque tudo o que você sabe é que ele tem que ser barato.

São as pequenas coisas que, no fim, se juntam para formar a grande imagem de o porquê você não se amar.

E quando eu tinha treze anos e estava lá naquele avental verde de hospital, a mamãe me dizendo com seu leve sotaque britânico que as enfermeiras disseram que eu era um milagre porque ainda estava viva (eu deveria ter morrido), parecia que Deus havia descido e estava segurando o meu rosto, dizendo: "Eu nunca a deixarei nem desampararei".

Era o meu Pai celestial me garantindo que havia mais coisas na vida além de regras e liturgias. Havia alegria – e ela parecia boa.

Amiga, você provou dessa alegria?

Eu finalmente soube, apesar da dor da minha infância e dos chumaços de cabelo em minha mão, que Deus me ama porque ele me criou. E, mais ainda, porque ele morreu por mim. E, de repente, o meu corpo não era mais apenas a pele que revestia o músculo que revestia o osso. Era um vaso, e Deus queria derramar o seu amor sobre mim, assim, eu poderia derramá-lo sobre outras pessoas. Nós não somos apenas seres físicos. Somos espirituais, e parte de mim sempre soube disso, e essa é a razão por que a comida nunca fora suficiente.

No entanto, foi necessária outra recaída na anorexia, agora como uma jovem mulher casada, para não somente reconhecer o amor de Deus por mim, mas para também deixá-lo me preencher, porque a alegria não é encontrada em uma vida perfeita. Alegria é a paz que excede todo o entendimento quando olhamos para os olhos do nosso Criador e entendemos que podemos confiar nele apesar da dor que nos rodeia. Deus é digno de confiança.

Sobras

Eu costumava achar que o famoso milagre de Jesus, em João 6, era sobre o pão, o peixe e os cinco mil estômagos vazios que precisavam jantar. Contudo, sempre fiquei perplexa sobre o porquê Jesus ter permitido tamanho desperdício – por que ele criou doze cestos com sobras.

No entanto, isso é perder o foco. A história não é a respeito do pão ou do peixe.

Conforme Jesus explicou, posteriormente, para a multidão: "Eu sou o pão da vida; o que vem a mim jamais terá fome; e o que crê em mim, jamais terá sede" (Jo 6.35).

Jesus é o pão. Ele é o sustento eterno para a fome da alma. Nele, nossas almas não ficam mais com fome ou sede. As sobras da história são uma ilustração para nós, relembrando-nos, todas as vezes em que a lermos, que ele é mais do que suficiente para você e mais do que suficiente para cada necessidade em minha vida.

Alimentar-se do pão vivo é encontrar suficiência em Cristo para todo o desejo de fome que sinto em minha alma, é deixar a sua graça e a sua bondade encherem todos os espaços vazios e dolorosos dentro de mim, é ser nutrida e crescer na fé e no amor.

Amiga, você conhece esse pão vivo?

Cinco verdades

Eu sei, não é fácil: quando o mundo lhe diz que você é aquilo que come ou o que pesa, ou que você é apenas tão boa quanto à sua contagem de calorias ou ao número de seguidores na rede social.

O mundo pesa com números; o Senhor pesa com a graça, e você não deve a ele nada, amiga. Tudo e nada. Ele pagou tudo. Ele quer que você descanse e confie nele. Ele a revestiu. Aqui estão cinco verdades que eu quero que guarde em seu coração e carregue com você.

1. Você tem voz. Eu sei que o seu transtorno alimentar parece estar sob controle neste momento, e você não consegue parar de pensar sobre isso, porém, a verdade é que, rapidamente, você pode se render a ele. Esse problema não a controla. Você tem voz e pode usá-la para se posicionar contra a anorexia em nome de Jesus. No entanto, até que os problemas que impulsionam o seu transtorno alimentar sejam tratados – o desejo de ser vista, ouvida e protegida, a dor de ser ferida por pessoas que dizem gostar de você – essa doença permanecerá sendo um lugar enganosamente seguro. Um muro para você se esconder atrás dele.

Por favor, saiba que isso não é o que parece ser. Deus a vê; ele a ouve; ele a está protegendo. Você é livre por meio do poder de Cristo para declarar vitória sobre o seu transtorno alimentar neste exato momento.

2. Você pode se libertar da anorexia para sempre. Dizem que: "Uma vez mentalmente doente, sempre mentalmente doente", e eu acreditei nisso por anos. Eu tive recaídas por causa disso e, depois, certo dia, percebi que não; a Bíblia nos declara como novas criaturas em Cristo. Ela diz que as coisas velhas passaram, e tudo se fez novo. Diz sobre sermos transformadas pela renovação de nossa mente (Rm 12.2).

Nós não precisamos concordar com as regras do mundo. Sim, temos de estar cientes sobre os nossos impulsos e vigilantes quanto às tentações como todo o mundo; não podemos ser tolas, mas podemos confiar em Isaías 54.17, o qual diz que nenhuma arma forjada contra nós prosperará. Nós podemos nos libertar de nossos transtornos alimentares – libertar-nos completamente – para sempre, porque o poder de Jesus Cristo atua em nós.

3. Você é mais do que o seu transtorno alimentar. Você, amiga, não é o seu transtorno alimentar. Eu sei que você se apega a isso por proteção, mas a sua identidade está sendo consumida, e não identificada. O seu transtorno alimentar tornou-se seu ídolo, e somente quando o vir como ele é – uma mentira do inimigo, o qual quer que os filhos e filhas de Deus morram – você se libertará para ir em busca dos sonhos de Deus para você. Os transtornos alimentares são uma batalha espiritual, e eu creio que Satanás ataca homens e mulheres jovens que foram chamados por Jesus para mover montanhas. Eu creio que você, amiga, foi chamada para fazer alguma coisa poderosa em sua vida, e Satanás está usando esse transtorno alimentar como uma distração, para que você não consiga seguir com os planos que Deus tem para você. Você é mais do que o seu transtorno alimentar. Você é mais que vencedora em Jesus (Rm 8.37). A sua identidade, agora, está definida e determinada para sempre pela sua união com Cristo.

4. Você não é louca. Eu sei que você se sente como se fosse. Todas essas vozes guerreando em sua cabeça, e você está muito cansada de ouvi-las e gostaria que a vida acabasse. Por favor, não desista. Você está somente faminta – faminta por alimento, sim, mas também faminta por saber o motivo pelo qual está viva e por saber qual é o seu propósito. Você anseia por valor e sentido espirituais. Essas vozes podem ser emudecidas por um suave sussurro, o sussurro do Deus que lutará por você se assim o deixar. Clame a Jesus, e ele silenciará o controle de Satanás sobre os seus pensamentos. Leia as Escrituras e lembre-se da verdade sobre quem Deus diz que você é, conforme declarado por Sofonias 3.17: deleite, renovo e regozijo no seu amor.

5. *O restante de sua vida não é determinado por este momento*. Amiga, eu sei que parece que sim, que a sua vida será marcada por esse tempo gasto na batalha contra a anorexia, porém não precisa ser dessa forma. Quando eu tinha 13 anos, os médicos disseram que eu provavelmente não seria capaz de ter filhos devido aos danos que eu havia causado ao meu corpo. Quando fiz 27 anos, um pastor orou por mim e suplicou que eu pudesse conceber um filho dentro de um ano, e eu concebi. Hoje, tenho dois garotinhos e estou grávida do terceiro bebê.

Quando você serve o Criador Todo-Poderoso, nada é impossível – ele pode conceder os desejos do seu coração. No entanto, você precisa se render; precisa convidá-lo a começar a cura, a fim de que cada um daqueles dias possa ser restaurado.

A dor

Este mundo não é o nosso lar, amigas. É a dor que pulsa dentro de vocês, o clamor do Espírito do Filho ao seu Aba Pai.

Somos pessoas pobres e sem lar, conduzindo umas às outras ao pão vivo, e eu estou aqui, caminhando com você. Você consegue me sentir segurando a sua mão?

Estamos quase lá. Passo a passo tremulante.

De sua amiga e irmã, uma ex-anoréxica que agora se define como uma vitoriosa em Cristo,

Emily

Anexo 2

SEBE DA DÚVIDA

Por Lore Ferguson

Lore Ferguson é escritora em Sayable.net e tem lutado abertamente com a dúvida e a fé. Ela compartilha aqui um momento de reflexão sobre a dúvida, os dons de Deus e a sua proteção.

Pela primeira vez em semanas, eu acordei essa manhã sem o peso da condenação sobre mim. Não tenho conseguido me livrar desses sentimentos ultimamente, independente do quanto eu me pressiono, do quanto me curvo diante dos pés de Jesus. Serei honesta: comecei a duvidar de algumas coisas. Mesmo agora, escrevendo este texto, minha mente está repetindo uma ladainha de dúvidas. Você realmente acredita que Deus a ama? Você realmente acredita que merece alguma coisa dele? Você realmente acredita que qualquer pessoa conseguiria amá-la? O que lhe faz pensar que ele se alegrará com você?

Elas reúnem e atacam o que eu sei ser verdade. E por isso, essa manhã, quando acordei tranquila e serena, segurei minha respiração por alguns momentos, aguardando as dúvidas se juntarem e me acusarem. No entanto, não foi assim. E eu não consegui descobrir o porquê.

Uma das maiores dádivas que Deus me deu foi o dom da dúvida. Duvido que muitas de nós perceberia isso como um dom, mas eu sei que, para mim, é a graça mais profunda. Ele me deu o amplo pasto da dúvida e o prazeroso limite da verdade. Ele me fere com a minha dúvida, mas me cura com a sua verdade.

Como muitos que cresceram na igreja de um tipo ou de outro, eu comprei a mentira de que um moralismo fortificado me conduziria a caminhos de grande alegria – pureza até o casamento, casamento aos 22 anos, filhos aos 24 anos, tudo certinho. Organizei a minha vida de modo a fazer sentido.

E então, a vida não fez sentido. A vida lidava comigo, como dizia certa pessoa, com uma mão pesada. Eu nunca me esquecerei de sair daquela conversa, me perguntando como lidar com uma situação como aquela. O que você faz quando a vida se mostra cheia de problemas e você está sozinha? Eu lhe digo o que faz: *você duvida*.

Você cai profundamente na dúvida, se envolve, banha a sua alma com pecado e vergonha. Quando as respostas que lhe são dadas por pessoas bem intencionadas fracassam, quando a teologia na qual acredita (que Deus responde quando oramos com mais firmeza, quando damos mais, ou buscamos com mais profundidade, ou nos arrependemos mais rápido) se prova insensata, e quando Deus não *parece* bom, vou lhe dizer o que você faz: *você duvida*.

E aqui está algo sobre a dúvida: é um período aparentemente infinito. Deus nos deu o dom da razão, da lógica e do pensamento, então a dúvida sempre nos levará para outra dúvida, pois há sempre outra pergunta, outra possibilidade. Mesmo se nos chocarmos contra uma parede de verdade, nós somos como pequenos quadrados nos jogos de vídeo-game, saltando para a eternidade.

A dúvida não parece ser um dom.

Essa manhã, eu li o primeiro capítulo de Jó, o homem justo que, podemos dizer também, teve de lidar com a mão pesada. No entanto, hoje, observei uma palavra: *sebe*. "Acaso, não o cercaste com sebe... e a tudo quanto tem?" (Jó 1.10). O inimigo pediu permissão a Deus antes de ele desencadear sobre Jó a sua fúria total.

Deus permitiu que o inimigo fizesse o que ele fez, evitando apenas que colocasse a mão sobre o próprio Jó; e, hoje, eu penso a respeito da sebe que Deus colocou ao nosso redor. Quero acreditar que tal cerca impede o inimigo de entrar, porém não é isso o que nos é dito. Não, a sebe impede o inimigo de ultrapassar os limites daquilo que Deus estabeleceu para ele. É a sebe de Jó, mas também é o limite do inimigo.

Essa manhã, eu acordei e me senti atingindo a sebe. Não as minhas limitações, mas as de Deus. Não o meu próprio fim, mas o momento quando Deus ergueu sua mão e disse: "Chega. Este é o lugar mais seguro que tenho para você dentro deste limite. Aqui. Todo o resto que tenho para você está dentro deste limite, e todas as lutas que tenho para você estão dentro deste limite. Porém, não se preocupe: Eu estabeleci essa sebe ao seu redor, e o inimigo não prevalecerá".

FIEL MINISTÉRIO

O Ministério Fiel visa apoiar a igreja de Deus, fornecendo conteúdo fiel às Escrituras através de conferências, cursos teológicos, literatura, Ministério Apoie um Pastor e conteúdo online gratuito.

Disponibilizamos em nosso site centenas de recursos, como vídeos de pregações e conferências, artigos, e-books, audiolivros, blog e muito mais. Lá também é possível assinar nosso informativo e se tornar parte da comunidade Fiel, recebendo acesso a esses e outros materiais, além de promoções exclusivas.

Visite nosso site

www.ministeriofiel.com.br

Esta obra foi composta em Adobe Jenson Pro Regular 11,4 e impressa
na Promove Artes Gráficas sobre o papel Pólen Soft 70g/m2,
para Editora Fiel, em Maio de 2025.